GW01605726

Ser feliz no es gratis

Pero tampoco cuesta tanto

TAMARA GORRO

Ser feliz no es gratis

Pero tampoco cuesta tanto

mr ediciones martínez roca

El papel utilizado para la impresión de este libro
es cien por cien libre de cloro
y está calificado como papel ecológico.

Primera edición: septiembre, 2017
Segunda edición: septiembre, 2017
Tercera edición: octubre, 2017
Cuarta edición: noviembre, 2017

Diseño de interiores: María Pitironte
Dibujos de interior: Alfredo Iglesias

Martínez Roca es un sello editorial de Editorial Planeta, S. A.
Avda. Diagonal, 662-664
08034 Barcelona
www.mrediciones.com
www.planetadelibros.com
ISBN: 978-84-270-4354-1
Depósito legal: B. 13.427-2017
Preimpresión: Safekat, S. L.
Impresión: Huertas

Printed in Spain-Impreso en España

Índice

La fuerza y motivación en mi vida, Ezequiel.
Mi oxígeno, Shaila y Antonio.
El gran ejemplo, Esther.
Los guías del camino, Ángela y Ernesto.
El protector, Javi.
El otro yo, Sara.
Su referencia, Aitana y Claudia.
Mis compañeros de escritura, Chigu y Negro.
El universo que mueve mi persona, mi familia.

A lo largo del año, al igual que les pasa a las estaciones, sufrimos cambios, y nuestro estado de ánimo se trastoca de enero a julio. Si te encanta el sol, disfrutar de la piscina, playa o montaña, las terrazas de madrugada o dormir con la ventana abierta serás feliz los meses de verano. Si es el invierno el que te seduce, estarás conforme de vestir seis prendas en vez de tres, de sustituir la playa por la calefacción y la ventana abierta por la cerrada, de añadir a la sábana la manta o el edredón y de tomar caldos calientes en vez de ensaladas. Todo dará un giro de ciento ochenta grados; todo, hasta los pensamientos y los propósitos. Pero si eres capaz de adaptarte porque sabes que tras un tiempo perturbador y desagradable llega uno agradable y placentero, el cambio no será tan funesto.

Un cambio no tiene por qué ser malo, no tiene por qué ser negativo. De hecho, los cambios son necesarios. Sin embargo, en ocasiones sufrimos un «bajón» —vamos a llamarlo así—. ¿Cuántas veces te has levantado motivada y según iban pasando las horas te has ido viniendo abajo? Estoy segura de que te ha sucedido en infinidad de ocasiones.

También estoy convencida de que has vivido el capítulo de estar en un pozo durante mucho tiempo, más del que te gustaría, y del que te ha costado salir. Cada vez el fondo iba a más y la capacidad de recuperación a menos. Lo más gracioso de todo es que empezaste sin saber el motivo y terminaste añadiendo cientos de ellos. ¿Desorientación, falta de ganas y de autoestima? No lo sabes, pero entre las dos vamos a dar con la clave o, al menos, a intentar buscarla.

PRIMERA PARTE

Todo tiene solución

CAPÍTULO 1

Tu espejo es distinto

Podría decirse que estoy conforme con mi vida; el trabajo que tengo me gusta, mi gente goza de buena salud, no me faltan amigos, en el amor no ando nada mal —con mis idas y venidas, pero estable— y físicamente me siento cómoda conmigo misma. Sin embargo, hay días que no tengo ganas de hablar ni con mis compañeras, ni siquiera de bajar a tomar el café de media mañana con ellas. Me encuentro sin ganas.

En esos días, cuando termino mi jornada laboral, me voy a casa y preparo algo rápido de cenar, ni siquiera me quedo a ver la serie que tanto me gusta, prefiero acostarme porque me siento cansada. No estoy enfadada con nadie ni con nada, solo noto desgana.

Al despertarme, creo que continúo sin fuerzas, apago el despertador y presagio que la pereza me puede. Me salto el gimnasio —pienso que por un día que no vaya no pasa nada—, prefiero dormir. Cuando al final logro poner los pies en el suelo, me pongo cualquier cosa que pillo en el armario y vuelvo a mi trabajo. Varias veces me preguntan si estoy bien y respondo con absoluta sinceridad que sí. De nuevo, me encuentro en mi hogar, todo se repite y dejo pasar así la semana.

Entonces empiezo a preocuparme. Sé que estoy de mal humor y que todo me molesta. Obviamente la vida continúa y no puedo detenerla por muchas ganas tenga, así que he de seguir con mis obligaciones. Aunque uno de los mejores planes en esos momentos sería quedarme en casa, pegada al móvil y cotilleando lo que pasa por el mundo a través de las redes sociales y páginas de internet.

✽ ✽ ✽

«Qué pelo tan bonito tiene esta chica. Me gusta la raíz castaña y cómo lo degrada a más claro hasta terminar con las puntas rubio platino. Se hace mil peinados distintos y todos le quedan de maravilla: trenzas de raíz, laterales, coletas tensas, con volumen, melena suelta con ondas, liso tabla... Todos fantásticos. Igualito que el mío, que es fino, corto, sin un color determinado, ni liso ni rizado, un horror», pienso.

Otra web anuncia unos bañadores y bikinis preciosos.

«Me interesa. Disfruto yendo al río, a la piscina y de diez días en la playa. Quizás encuentre alguno para este año. Me enamoran todos, los colores hacen que resalte el bronceado y, además, los diseños son muy originales. Me fijo en uno. Se ajusta a la cintura y la parte de arriba tiene la opción de ponerlo con tirantes», vuelvo a pensar.

Estoy a punto de pedirlo, pero cuando ya lo tengo en el carro de la compra virtual, me detengo y me fijo en la modelo. Boquiabierta me quedo. Qué cuerpo tan espectacular. Su minicintura es perfecta, las piernas no tienen ni un gramo de celulitis y la braga brasileña le queda de infarto. El culo es pequeño, redondo y no está caído. Su bronceado es brillante y le sienta genial al dorado del bikini.

«¿Dónde voy yo con uno así de chulo si no va a quedarme igual? Mi culo está blando y se me ve la celulitis hasta en las piernas. Mi cintura de estrecha tiene poco y mi pecho no está operado. Y no hablemos de mi color de piel, que es más blanco que la leche y lo más que consigo cuando tomo el sol los primeros días es ponerme roja como un tomate. Vamos, un cuadro y mal pintado. Para nada me va a quedar como a ella».

Cierro la página. Al día siguiente toca una quedada en grupo. Haremos una barbacoa en el río, beberemos vino y por la tarde, una rica sangría, y nos bañaremos hasta que caiga la noche. Cada uno se encargará de una cosa. Esta vez me toca a mí llevar el aperitivo.

Sigo sin ganas, pero no quiero quedarme en casa amargada. Normalmente el día anterior dejo todo bien preparado, pero esta vez no hay nada listo, me levanto corriendo y desayuno un café y un sándwich en el dormitorio mientras me visto. Creo que debo salir con tiempo porque no he comprado nada de lo que me habían encargado.

Me pruebo todos los bikinis y ninguno me queda bien. Me hacen un culo horrible y los colores me acentúan más mi horrible color de piel. La rabia me invade y me desespero. Elijo uno cualquiera y para evitar estar incómoda meto en la bolsa un pantalón corto. «Ojalá sea lo suficientemente largo para tapar la celulitis», me digo a mí misma.

Para parecer un poco original, intento hacerme uno de los peinados que llevaba la chica espectacular: una trenza de raíz. Agarro el pelo con una coleta, pelo para arriba, pelo para abajo, lo suelto y lo vuelvo a cepillar, y no hay manera. Lo único que consigo es enredarlo. Sale de todo menos la dichosa trenza de raíz.

Son las diez y diez, hemos quedado a menos cuarto, aún no he comprado y estoy sin arreglar. El enfado aumenta por segundos, no tengo más tiempo que perder. Me hago una coleta como la de todos los días, cojo la bolsa con una toalla, me pongo unas chanclas y me voy corriendo al súper. Tengo diez minutos para comprar unos paquetes de salchichón, otros de chorizo y mortadela, unas bolsas de patatas y tirando.

Una vez todos reunidos me recuerdan que se me olvidó llevar el pan, un fallo tremendo. No me queda más remedio que ir a la primera gasolinera que encuentre en busca de unas barras. Ya en la caja veo cremas protectoras. Me toca comprar una, se me había olvidado también con las prisas y, para colmo, tampoco he puesto en la bolsa el cambio de baño seco. Vaya día de mierda me espera.

Me planto el pantalón corto y no me lo quito en ningún momento. Dos de mis amigos hacen la gracia de siempre e intentan tirarme al agua. Lo consiguen, y el pantalón se empapa igual que yo. Jamás había reaccionado de esa manera, les hablo muy mal y chillando. Me ha sentado fatal. Siempre he sido de las que empujan a los demás, pero hoy no estoy de humor, todo me ha salido mal.

Siempre lo hago, pero hoy no juego a las cartas y mucho menos a las palas, hay que correr y las carnes se moverán de

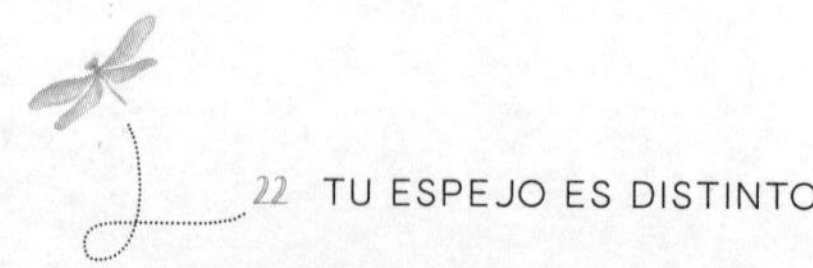

un lado a otro —«Igualito que a la novia de mi mejor amigo; el bikini le queda espectacular, por más que se moja el pelo no se le queda encrespado como a mí, su cara parece maquillada siempre, no tiene ni una imperfección. Está estupenda»—.

Confirmado, hoy no ha sido mi día. Varias de mis amigas me escriben preguntándome qué es lo que me sucede. Dicen que me han visto distante y seria. Yo les respondo que nada.

De nuevo me encuentro en mi sofá con el móvil en la mano. Entro en el perfil de una chica icono de la moda que siempre va conjuntada y luce impresionante. Por más que yo busco ese tipo de ropa no la encuentro por ningún sitio, y lo que veo parecido es carísimo. Además, de ser precioso y diferente, lo exhibe con mucho estilo y seguridad.

Hay un *look* suyo en particular que me encanta, uno con vaqueros de talle alto y una camisa blanca que deja los hombros al descubierto. Entre el pantalón y la camisa se ve muy poquito la tripa, le da un toque *sexy* y chic, lo complementa con un chaleco de flecos marrones y un sombrero del mismo color. Lleva sandalias planas que le llegan casi hasta la rodilla. Los complementos son perfectos a su estilismo: anillos dorados y muchas pulseras juntas.

Estoy sin palabras. Jamás me pondría algo así, primero porque parecería un árbol de Navidad y segundo porque no tengo cuerpo para llevar eso y tampoco salgo a sitios donde pegue ese tipo de ropa. ¿Para qué narices miro estas cosas si lo único que hago es amargarme?

Empieza el lunes y parece que estoy un poco más animada en el trabajo. Todo va volviendo a la normalidad. A la hora del

café enseño a mis compañeras lo que he visto durante el fin de semana por internet —ellas también siguen esas páginas y a la chica que tanto me gusta—. Hablamos sobre ello y me quedo asombrada con los comentarios que hacen sobre mí.

Cuando termino en el trabajo, nada más entrar por la puerta de casa, me voy corriendo al espejo que tengo de cuerpo entero y compruebo si es verdad lo que me han dicho. ¿Cuerpo perfecto? Estoy blanda y con celulitis. ¿Pelo precioso? Si siempre lo llevo de la misma manera, porque no sé peinarme y no tengo dinero para estar siempre en la peluquería. ¿Ropa superchula? El ochenta por ciento es de color negro y es la típica que encuentras en cualquier sitio. ¿Cara bonita? Cuando me maquillo y no siempre.

¡Bienvenida al mundo real! Ya sabes cuál es el motivo de tu bajón; y si no lo sabes, te lo digo yo.

Todos pasamos por etapas delicadas o, mejor, con menos energía, y no siempre nos levantamos sonriendo o brincando, con ganas de comernos el mundo. En realidad esto no es malo, porque si no pasáramos por esos períodos, no viviríamos momentos en soledad, tan importantes para conocernos mejor, para descansar, para disfrutar de nosotros y, sobretodo, reflexionar.

Claro que el problema se presenta cuando ese «bajón» lo llevamos al terreno personal y empezamos a atormentarnos con absurdeces que creamos nosotros solos. ¿Quién

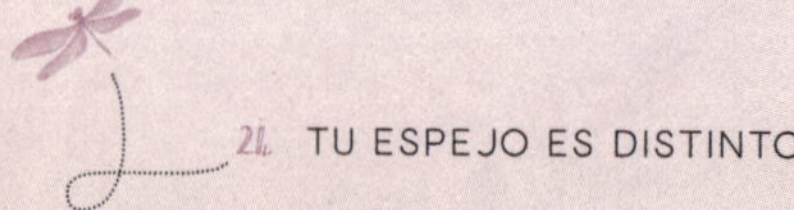

en este mundo no admira a otra persona? Ya sea por su forma de vestir, hablar, cantar, escribir, por su profesión, por sus méritos... Ahora bien, una cosa es admirar y otra muy distinta envidiar o desear. Por ello:

* Sé consciente de que la envidia te puede llevar a un serio problema.
* El hecho de querer ser igual a alguien tal vez provoque en ti una inseguridad que nunca habías experimentado.
* Es maravilloso que captes ideas y que las lleves a cabo, pero siempre desde tu personalidad y tu físico.

Por eso, sigue visitando esa web de bikinis que tanto te interesa, y, por supuesto, compra la prenda que tanto te gusta. Si siempre te has puesto un bikini sin pantalón, ¿por qué ahora no? ¿Es quizás porque la modelo tiene un cuerpo escultural, sin un gramo de celulitis?

Estoy segura que has visto mil publicidades y has comentado con tus amigas que las fotos no eran reales y que las retocaban. ¿Es que acaso esa certeza ahora ya no te vale? Hay chicas que no tienen celulitis —muy pocas, pero las hay—, sin embargo, el noventa y ocho por cien de las mujeres vivimos con ese odiado trastorno. ¿Has pensado que tal vez esas «modelos perfectas» tienen otro problema que no se ve y que tú no tienes?

Consejo

No creas que porque los «defectos» no sean visibles son menos traumáticos.

Lo único que consigues poniéndote el pantalón corto en una piscina es que la gente se dé cuenta de que algo ocultas. Si das normalidad a una situación, los demás lo harán también. ¿Por qué te enfadas por no saber hacerte una trenza? Obviamente no vas aprender en seis minutos. Aprovecha una de esas tardes que no sabes qué hacer para mirar tutoriales o quedar con la amiga que sí sabe hacerlas para que te enseñe.

Quizás lo que a esa chica le sienta fenomenal, a otra o a ti no, por eso, experimenta y sácate partido. En vez de intentar vestir como ella, prueba cosas nuevas. Cambia incluso de color de pelo, de corte, de cualquier cosa con tal de que te haga sentir distinta y bien.

No es malo seguir los consejos de las blogueras que saben de moda, para eso precisamente lo hacen, para que captes sus ideas, pero no para que seas un clon suyo; para que sepas combinar las prendas, los colores, los estilos para cada ocasión, pero no para que te frustres si no te queda la ropa como a ellas.

* Si te gusta, viste uno de sus conjuntos, pero antes visualiza cómo te va a quedar, no por el cuerpo, sino por la ropa.
* No te niegues a llevarlo porque la vestimenta no pega con los sitios a los que sueles ir, no hay ninguna norma que diga que uno no puede vestir como quiera. Si te gusta, hazlo.
* Compra acorde a tu economía y siéntete la mejor, lo que eres.

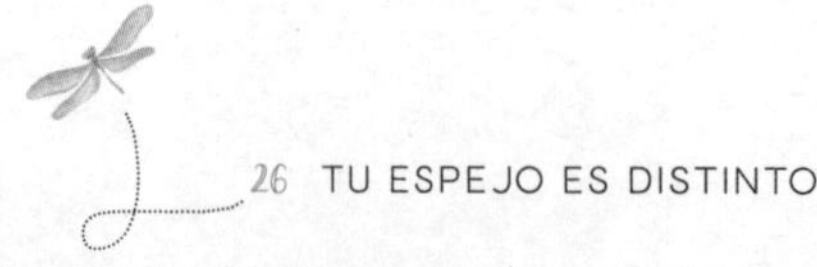

* Si te comparas con alguien por la ropa que lleva o por cómo la lleva, lo único que vas a conseguir es que tu seguridad disminuya poco a poco y te sientas mal.
* Míralo desde la perspectiva del aprendizaje, de la motivación, de las ideas.

Ya sabes que cuando estás desmoralizada, la negatividad es mayor, por tanto, evita aquello que te desaliente. Los días malos pasan, quizás no tan rápido como quisieras, pero todo vuelve a la normalidad después. No olvides que tu mentalidad y tu forma de ver las cosas hacen que tu espejo sea distinto.

CAPÍTULO 2

Hoy elijo yo

Hay situaciones en la vida que, aunque no queramos, pasan a formar parte de nuestro pasado. El tiempo corre muy deprisa, cada etapa tiene su momento y casi siempre se echa de menos algo de lo vivido. No nos gusta darnos cuenta de la realidad, sin embargo, tiene sus cosas buenas. Aunque no lo creas, está en ti poder cambiarlas para convertir los días aburridos en alegres, los tristes en felices y la monotonía en variedad.

La monotonía preside nuesta vida, da igual la edad que tengamos. Cuando éramos niños, levantarnos pronto para ir al colegio, comer en casa, ir a una actividad extraescolar, volver al hogar, estudiar, cenar e ir a dormir era nuestro día a día. Al principio nos gustaba, pero después, aunque estuviéramos encantados con lo que hacíamos, nos terminaba aburriendo. De ahí las ansiadas vacaciones de verano.

Lo mismo sucede al cumplir la mayoría de edad. Al principio todo es nuevo: nos sentimos mayores, libres, con poder, y el mundo es por y para nosotros; nos creemos imparables. La novedad de ir a una discoteca de adultos y enseñar eso que tantas veces nos han pedido y que no podíamos mostrar: el carné de identidad —tal vez tú conseguiste colarte en alguna ocasión con el de una amiga—. Enseñarlo con la cabeza muy alta, mirando fijamente al portero a los ojos. Todo es distinto, gente nueva, planes diferentes cada fin de semana... Viernes tarde y sábados completos de absoluto disfrute.

El resto de días continuábamos levantándonos muy temprano para ir al instituto o a la universidad. Al terminar las clases, pasar un rato con los amigos, comer en casa y estudiar mucho para aprobar los exámenes siguientes.

Cuando ya somos adultos, la monotonía es similar para los jóvenes y los más pequeños. Tan solo nos diferencia la experiencia y los años vividos. Pero, cuidado, porque también nosotros podemos aprender cosas de los que tienen menos edad. En realidad, lo hacemos casi a diario. Un claro ejemplo son las tecnologías —los abuelos no utilizan con la misma facilidad whatsapp que la gente joven—.

> **Consejo**
> No marques diferencias entre edades, sino entre mentalidades.

Esto nos abre un abanico de posibilidades a la hora de identificarnos con algo o con alguien. La vitalidad de una persona, la originalidad de otra, las vivencias, ocurrencias y experiencias, los sufrimientos... Todo es poco para crear nuestra propia idea y ponerla en marcha.

La monotonía, ¡qué horror! Esta palabra tiene para mí el mismo significado que el 'aburrimiento', y no hay nada peor que aburrirse haciendo algo o estando con alguien.

> **Consejo**
> Innova sin miedo a nada.

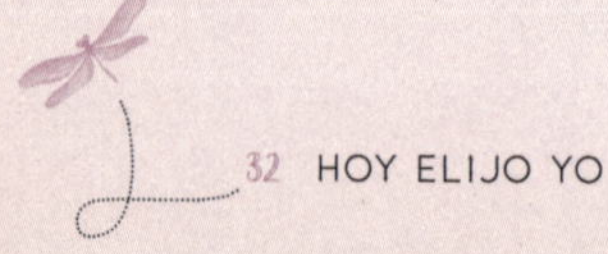

Es verdad que hay situaciones en las que por mucho que el aburrimiento y la rutina nos acompañe, no podemos dejar de hacer, como puede ser sacar a pasear a nuestro perro. Posiblemente al principio te motivaba: un nuevo miembro en la familia, todos los cariños se los lleva él..., pero cuando transcurre un año y llegas cansada de trabajar o estudiar, y tienes que ponerte el abrigo, los guantes, la bufanda, coger el paraguas y salir a la calle, empaparte y pasar frío mientras tu mascota hace sus necesidades, aparece la desgana.

Como sabes que el perro ha de salir quieras o no, tienes la opción de variar algunas cosas para escapar de la monotonía durante la caminata. Por ejemplo:

* Cambia de vez en cuando el horario o la zona de paseo.
* Realiza, mientras, alguna llamada pendiente.
* Organiza mentalmente el siguiente día.
* Planea el fin de semana.

Multitud de cosas que convertirá el hábito en motivación. Hay otros momentos, sin embargo, en los que sí tienes la posibilidad de variar y por dejadez o comodidad no lo haces. Un ejemplo claro: el día a día con tu pareja. Insisto, da igual la edad que tengas y también el tiempo que llevéis juntos.

Cuando llevas poco de relación, cualquier acontecimiento es una novedad. Las ganas de pasar tiempo juntos puede con todo: los planes salen solos y las actividades que anteriormente no te gustaban, ahora te encantan. Incluso aquello que nunca jamás habías imaginado hacer, ahora lo llevas a cabo encantada y repitiendo si hace falta. Esto no quiere decir que cuando llevas años de relación todo desaparezca, tan solo que la efusividad disminuye. No es malo, es distinto, pero de nuevo se llama monotonía. Da lo mismo la situación y el momento.

La rutina solo depende de ti y debes evitar que entre en tu vida, porque lo único que consigue es desmotivarte y perder la magia que mueve el amor.

Siempre lo he dicho y lo mantendré de por vida: una relación no depende de uno solo, sino de dos personas, y la magia es lo que hace que todo se acentúe o se estanque.

> **Consejo**
> Ilusión y novedad son las dos cosas que mantendrán viva tu relación.

Estoy acostumbrada a escuchar las típicas frases de «son muchos años juntos, todo lo hemos hecho ya», «no tenemos los mismos gustos», «ya te tocará vivir lo mismo que a mí», «después de treinta años, es lo que hay», «me toca aguantar»... Y yo siempre respondo lo mismo: mentira.

Sí, mentira porque aunque lleves mucho tiempo con alguien no quiere decir que ya lo hayas hecho todo. Estoy segura de que hay muchos proyectos o planes que no habéis probado. No pongas la excusa del tiempo que lleváis juntos y llámalo por su nombre: pereza.

Que no tenéis los mismos gustos. Mentira. Puedo creerme que te guste más la noche y a tu pareja el día, que tú

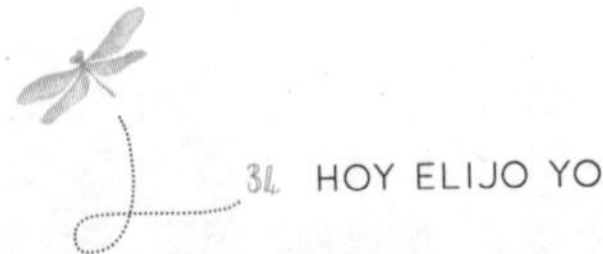

seas más de playa y él de montaña, que prefieras el cine y la otra persona la discoteca. Pero lo que no me creo es que un plan novedoso no os guste a ambos. Más bien llámalo por su nombre: pereza.

Que ya me tocará vivir lo mismo que a ti. Mentira. No todas las vidas son iguales. Cuando nacemos no estamos destinados a vivir lo mismo. Hay algunas personas que llevan cincuenta años juntos y siguen igual de enamorados que el primer día. Eso existe y estoy segura que tú lo has comprobado. Así que llámalo por su nombre: pereza.

Que después de treinta años juntos, es lo que hay. Mentira. Ya lo he dicho antes, el tiempo que lleves con tu pareja no es motivo para dejar de hacer o deshacer. Tú tienes la opción de cambiarlo y eliminar la coletilla de «es lo que hay». Así que llámalo por su nombre: pereza.

Que me toca aguantar. Mentira. Si aguantas es porque quieres, nadie te pone una pistola en la cabeza para mantener algo que no te gusta. ¿O acaso si aborreces la verdura la comes? o, si no te cae bien tu vecina, ¿quedas con ella a tomar café? Cada uno aguanta lo que quiere. Así que llámalo por su nombre: pereza.

Se me olvidaba añadir algo fundamental a lo que he dicho, quizás te suene frívolo, pero es real —y ya sabes que las verdades a veces resultan incómodas—. Piensa en tu felicidad y bienestar. El punto egoísta con uno mismo siempre funciona y tiene su explicación. Si piensas en ti a la hora de hacer un plan, sabiendo que te vas a divertir, lo harás con ganas porque estarás predispuesta a pasarlo genial. Si tu

pareja pensara lo mismo, os juntaríais dos volcanes con ganas de disfrutar. ¿No es maravilloso?

> **Consejo**
> Empieza por experimentar diferentes situaciones para animar a su vez a que tu pareja haga lo mismo.

Hay tantas situaciones que es imposible describirlas todas, pero te muestro una bastante habitual. Empecemos con esa aventura.

* * *

Un matrimonio con hijos. A las siete de la mañana suena el despertador. El marido se prepara, desayuna un café y sale corriendo a su trabajo. La madre organiza el desayuno de los pequeños, y mientras ellos lo toman, ella se viste a toda prisa. Cuando los niños terminan, los viste y salen para el colegio.

Tras la jornada de trabajo y de correr sin aliento a la salida de la escuela, de nuevo en casa. Mientras que los hijos hacen los deberes o juegan, la mujer recoge la casa, prepara la comida para el día siguiente, prepara los baños, hace la cena y acuesta a los niños. Luego, cena y sofá para intentar disfrutar de esa serie que finalmente nunca se termina de ver por el cansancio acumulado. No me olvido del marido, algunos hacen todo lo que acabo de adjudicar a la mujer, otros ayudan en lo que pueden por falta de tiempo y otros, directamente, no hacen nada porque no quieren.

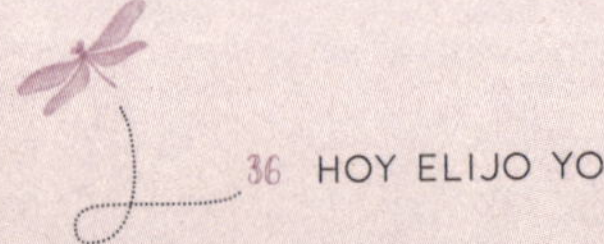

El fin de semana, los planes se hacen para y junto a los más pequeños, porque durante el resto de los días no hay tiempo para divertirse en familia. Si surge alguna cena con amigos, siempre ha de ser acompañados de los hijos y, lógicamente, ni brindar con una copita se puede —no quiero decir que haya que beber para disfrutar, solo que los niños son la prioridad—.

Luego, cargar con ellos en brazos dormidos hasta el coche y acostarlos en casa. Por fin tenéis tiempo para vosotros, pero no podéis alargar mucho la noche porque posiblemente temprano estéis de nuevo en pie para atender a los que acabáis de dejar en la cama. Las relaciones sexuales serán silenciosas, tenéis temor a despertarlos y mucho más a ser descubiertos.

Y esta situación se repite una semana tras otra, un mes tras otro, un año tras otro. Nadie dice que no te guste estar en familia — raro sería que no te agradase pasar tiempo con tus hijos y tu pareja—, solo que debes hacer un paréntesis en tu rutina para evitar la monotonía y no olvidar la magia. Por eso:

* Rompe los esquemas, marca la diferencia.
* Empieza preguntándote qué te apetecería hacer.
* Piensa en lo que te motiva y en lo que te pone nerviosa.
* Olvídate de tu acompañante y de lo que a él le gustaría.

La energía tan positiva que vas a desprender y el cambio físico que vas a reflejar serán suficientes para que la novedad os una. Sustituye algún fin de semana con amigos o familia, el parque de atracciones y la película infantil por una cena para dos. No solo vas a disfrutar de ese momento, sino también de los preparativos —no te sientas culpable, los niños van a divertirse también. Será una noche distinta: dormirán con sus abuelos, tíos o amigos—.

* Engaña a tu pareja diciéndole que habéis quedado para cenar en casa de determinado amigo.
* Pídele que se arregle más porque así lo ha pedido el anfitrión.
* Ponte tú ese vestido que tanto le gusta.
* Maquíllate como lo hacías en las primeras citas.
* Cuida tu peinado.

No sospechará nada, pues toda la familia se dirigirá en coche al domicilio de dicho amigo. Solo verá que te has puesto más guapa.

La primera sorpresa queda descubierta: allí no hay nadie preparado para cenar. Los niños se despiden de vosotros porque dormirán esa noche fuera de casa.

Quizás tu pareja imagine lo que le deparará la cita: una cena romántica. Pero sorpréndele de nuevo. Dirígete al restaurante y cuando el camarero os acompañe a la mesa que habías reservado, se encontrará con los amigos esperando y dispuestos a pasar una divertida noche entre conversaciones y risas.

La cuarta sorpresa no se hará esperar. Tras el postre, una botella de champán y unas copas. En la suya, una nota en la

que ponga: «¿Te dejas llevar?». Su beso emocionado seguramente lo diga todo.

Aún no se ha acabado la noche. Un local con música os espera. Y su canción y un baile sin que lo que os rodea importe.

Sigue sorprendiéndole. Envíale un mensaje al móvil con un «¿sigues dejándote llevar?». Claro que lo hará. Hasta esa habitación del hotel que tantos recuerdos os trae.

Lo que no sabe es que las sorpresas aún no han terminado, porque al abrir la puerta de la habitación un camino de velas a la cama, una botella de champán y unos pétalos rojos y blancos serán los preámbulos para una noche de sexo sin pudor ni miedo a los ruidos.

Como es lógico él intentará dejarse llevar por la pasión, pero frena la lujuria un poco más de tiempo. Un brindis por vuestra noche, unos minutos más de espera mientras te cambias en el baño y él lee las notas que hay sobre la cama:

* Prohibido mirar el móvil.
* Únicamente se habla de nosotros dos.
* Obligatorio disfrutar.
* Indispensable olvidar la vergüenza.

Cuando aparezcas de nuevo en la habitación con esa ropa interior tan atrevida, los labios rojos y los zapatos de tacón harán que el deseo crezca más. Un poco de música acorde al momento, y ahora sí, sexo con pasión, cosas nuevas y placenteras, sin miedo a gemir o gritar. No hay prisa. La noche es vuestra. Dormir con la ropa tirada por el suelo y él completamente embadurnado de tu carmín.

La última sorpresa no podía faltar. Un rico desayuno, un baño de espuma y un hacer el amor de nuevo. Se pone punto y final a una noche llena de experiencias nuevas. Rompisteis la monotonía y los próximos días vuestras miradas cruzadas serán diferentes.

Este es solo un ejemplo de cómo romper la rutina con la pareja, pero no olvides que hay otros aspectos de la vida en donde es necesario igualmente poner ilusión. Vivimos para agradar y no incomodar, para facilitar y no empeorar. A veces nos acomodamos de tal forma que somos incapaces de dar un paso adelante, cuando en realidad los problemas tienen muchas veces una solución fácil.

> **Consejo**
> La creatividad y la capacidad de sorprender no dependen de si se es hombre o mujer ni de la edad, solo del deseo de impresionar al otro.

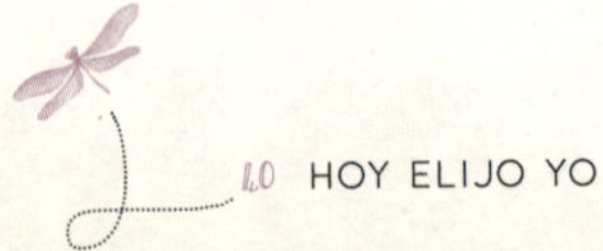

CAPÍTULO 3

Un grano de arena, un castillo

Vuelvo a repetir lo que te acabo de contar: la mayoría de las veces llamamos problemas a situaciones que tienen una fácil y rápida solución. En ocasiones, incluso, entramos en pánico, aunque al minuto siguiente nos estamos riendo de lo sucedido.

Todos hemos vivido malas y tristes experiencias que nos han hecho aprender, y que deseamos que no se repitan o al menos que nos afecten en el futuro lo menos posible, sin embargo, otras experiencias menos nefastas nos hacen ahogarnos en un vaso de agua.

Por fortuna no todos tenemos idéntica personalidad —sería un verdadero aburrimiento actuar de la misma manera—, pero sí cientos de defectos y de carencias. Si analizáramos a las personas que nos rodean, no dejaríamos de sacarlos a la luz. A los tímidos les daríamos un empujón para que tuvieran la facilidad de abrirse a los demás. A los más extrovertidos muchas veces les taparíamos la boca para que parasen de hablar. A los resabiados directamente ni les escucharíamos... Podría seguir enumerando infinidad de ejemplos, pero caería de nuevo en el error de no hablar de uno mismo.

¿Te has detenido a pensar en cómo eres tú? Estoy segura de que sabes cuáles son tus virtudes, pero ¿y tus defectos?, ¿los podrías enumerar? No te creas especial por no conocerlos, suele pasar. Lo que nos hace sentir mal no nos gusta, por eso evitamos hacernos daño. Si fuéramos conscientes de que muchas veces no lo hacemos a propósito, no volveríamos a actuar de esa manera.

Estarás de acuerdo conmigo en que hay distintos tipos de dolor —el fallecimiento de un ser querido, una inesperada enfermedad, no tener para comer...—, y que algunos son inevitables, esos que nos hacen sentir vacíos, desconsolados, pero que no nos queda otra opción que superarlos. Hay otros sufrimientos, sin embargo, nada comparables con los que acabo de enumerar, de los que somos nosotros los únicos responsables.

Estoy segura de que en mil ocasiones has dado a una persona un consejo y con el tiempo has cometido el mismo error. Cuando el aconsejado te lo recrimina siempre tienes un motivo para excusarte, ¿me equivoco?

Te explico tres posibles vivencias en las que eres la única responsable del dolor que sientes por el negativismo con el que actúas.

✤ ✤ ✤

DESCANSO SOÑADO

Esas vacaciones que tantas ganas tienes de coger después de estar todo el año trabajando. Casi sin tener tiempo para ti y siempre con obligaciones. Quince estupendos días para hacer lo que más te guste y con quien tú quieras.

En este tiempo, te da igual absolutamente todo, comes lo que te apetece sin hacer ningún tipo de dieta, bebes sin

moderación —no me refiero al alcohol, sino a esas bebidas azucaradas— y duermes el tiempo que tus planes te dejen —si vas con niños, hasta que ellos quieran; si estás con amigos, dependerá de la fiesta anterior o de la próxima—. No existe el reloj.

Todo acaba, hay que regresar a la monotonía, esa que en el capítulo anterior habíamos conseguido romper. Esto no quiere decir que tengas que volver a ella, todo lo contrario. Has aprendido a ignorarla. Llamémoslo entonces, vuelta a la realidad.

La adrenalina de los días anteriores, lo bien que lo has pasado, la cantidad de cosas nuevas que has hecho, el bronceado espectacular que luces, las cosas que tienes que contar a tu gente... Parece que las vacaciones no se han terminado hasta que pasan los días.

Vuelves a tus obligaciones, a madrugar de nuevo —el cuerpo es muy sabio y se acostumbra muy rápido a lo que le enseñes—. Llevas varios días durmiendo como quieres y ahora no dispones de esa libertad. El despertador suena y tienes que levantarte. No te sienta nada bien y el día comienza un poco torcido.

Si ya de por sí estás un poco susceptible, todo se agranda cuando vas a tu armario a elegir la ropa para el trabajo. Los pantalones que normalmente te quedaban perfectos, ahora no te abrochan, tienes que tumbarte en la cama y estirar las piernas para poder meterlos a presión. Una vez conseguido cerrar el botón, decides quitártelos. Te hacen demasiado daño y no puedes ni siquiera moverte. Optas por elegir otra cosa y mientras te vistes, decides suprimir el desayuno para eliminar los kilos ganados lo antes posible. El enfado a primera hora de la mañana aumenta. Ya en el baño, dispuesta a peinarte, observas que la cara se te está pelando, y mientras te miras al espejo te entran unas ganas terribles de llorar.

Sales a la calle pensando que perderás el autobús que te ha de llevar a tu destino, el teléfono lo contestas muy borde, la jornada laboral se te hace eterna, lo primero sobre lo que conversas con tus compañeros es sobre el peso que has ganado en vacaciones, no tienes ganas de nada; solo de volver a tu casa y acostarte. Todo es horroroso.

Dime, ¿qué has conseguido? Sin duda, amargarte. De nada te sirvió esa quincena de desconexión. Se supone que te habías marchado para volver con más fuerzas y lo único que has logrado es convertir lo que podría haber sido tu primer día de transformación en una auténtica pesadilla.

Has vivido el punto de vista negativo, pero existe uno positivo. Permíteme que te lo exponga.

* Evidentemente tienes que madrugar, entra dentro de tus obligaciones y de eso no hay quien te libre. ¡Pero, ojo! No es ninguna novedad, lo llevas haciendo durante casi todas las vacaciones. Incluso en tus días libres has dormido menos horas que esta última noche por ir a una fiesta o a la playa. Claro que sienta mal, a nadie le gusta tener que interrumpir su sueño, pero insisto en que no has dormido muchísimo menos.

* Cuando estás probándote la ropa y te das cuenta de que has engordado un par de kilos —o cinco, me da igual el número—, deberías coger esa prenda, volver a colocarla en su sitio y hacer exactamente lo que has hecho: elegir otra. Eso sí, con una gran diferencia: riéndote de ti misma.
* En vez de decidir no desayunar, hazlo, pero con alimentos ligeros y sanos, esos que te ayudarán a perder los kilos cogidos. En vez de churros con chocolate, come tres lonchas de pavo, fruta, un yogur cero calorías y un té verde.
* Es obvio que te vas a pelar la piel, y no solo la cara, también el resto del cuerpo. Compra una buena crema hidratante, píngate bien y maquíllate con polvos bronceadores.
* Habla con tus compañeros de lo increíble que lo has pasado y, por supuesto, haz referencia a los kilos de más que traes contigo, pero con total normalidad, puesto que a todo el mundo le sucede y es algo temporal.

¿Qué has ganado con esta actitud? Además de empezar con positividad el trabajo, la sensación de haber vivido tu libranza a lo grande, aceptando los cambios y con muy buena energía. Lo más importante de todo es que sin darte cuenta has iniciado un nuevo desafío: cuidar la alimentación. Quizás incluso hacer ejercicio, algo que nunca antes habías imaginado, y acumular positivismo para coger con ganas las siguientes vacaciones.

INVITACIONES A FIESTAS

Llevas toda la semana agotada, sin tiempo apenas para descansar, y deseas que lleguen el sábado y el domingo para poder desconectar. Se presenta un plan maravilloso: una amiga te invita a una fiesta donde habrá mucha gente. Pinta fenomenal, tienes ganas y necesitas oxígeno, aunque..., los famosos peros hacen acto de presencia.

* Pero me lo está diciendo un viernes por la tarde y la fiesta es el sábado.
* Pero no tengo nada para ponerme.
* Pero salgo muy tarde de trabajar el viernes y no me da tiempo.
* Pero el mismo día por la mañana tengo que ir a la peluquería.
* Pero si voy de compras después de la peluquería no me da tiempo a dormir y estaré muy cansada.
* Pero no sé cómo va a ir la gente vestida y tendré que buscar algo impactante.
* Pero el domingo estaré agotada y el lunes no podré ni con mi cuerpo...

Todo es agobio, todo es pesar. Lo que en principio era un plan fantástico se va estropeando poco a poco a causa de tus pensamientos negativos. ¿Qué has conseguido? Perder la concentración en tu trabajo por esos peros, angustiarte el viernes por la noche pensando en cómo organizar el día para que te dé tiempo a todo, incluido descansar, ir a la pelu-

quería y peinarte de tal manera que después, cuando vayas a comprar ropa, quizás ni te pegue con lo que has comprado —contando con que encuentres algo que te guste, porque con las prisas y las ganas de irte corriendo a casa a dormir, te comprarás el primer vestido que veas—, dar vueltas y vueltas y hacer mil fotos con el móvil para que tus amigas den el visto bueno a la compra.

No, no estás convencida. Además, no has tenido tiempo ni de comer y ya en casa, un sándwich es lo más socorrido. Finalmente te quedas traspuesta en el sofá, y cuando te despiertas pegas un bote, te acicalas y con la hora justa sales de casa.

Una vez en la fiesta, te sientes insegura, no vas como te gustaría, te duele la tripa del hambre y decides irte pronto antes de empezar siquiera a divertirte. El domingo es terrible, todo el día con el pijama pensando en el desastre que fue la noche anterior y cuando te quieres dar cuenta, es lunes y estás trabajando.

¿Qué puedes conseguir? Todo lo contrario.

* Cuando recibas esa invitación, haz tu trabajo rápido y bien para poder escaparte un poco antes y organizar las siguiente veinticuatro horas.
* Por la noche en casa, revisa tu armario y decide si tienes algo que ponerte, quizás es el momento de volver a lucir aquel vestido que hace meses que no te pones.
* Si no estás convencida y quieres ir de estreno, mientras cenas mira en internet modelos que te gusten; una vez lo hayas elegido, vete a descansar.

* A la mañana siguiente desayuna bien para tener energía y vete a la peluquería a hacerte ese peinado que te pega con el estilismo elegido.
* Si has decidido comprarte algo, ve en busca de ello, lleva varias opciones por si no encuentras algo de lo visto.
* Regresa a casa, come tranquila y duerme un rato la siesta.
* Despiértate con tiempo para poder merendar, prepararte todo encima de la cama, cenar, maquillarte y, por supuesto, enviar la foto a tu gente cuando estés arreglada.
* Ve a la fiesta, disfruta, baila, ríe, conoce gente nueva. Cuando haya terminado, métete en la cama dispuesta a descansar.
* El domingo pásalo en casa recuperando y contando a quien te apetezca lo bien que lo has pasado.

¿Qué has conseguido? Hacer algo distinto, organizar el tiempo disponible que tienes, sentirte bien y feliz. Positivo o negativo, decide.

Amistades de siempre

Te han llegado a decir que hablas más con ella que con la propia familia y que, para un día que tienes libre, sí o sí tienes que quedar con ella.

Ella es tu amiga. Con la que compartes confidencias, aventuras, secretos, dudas, decisiones..., absolutamente

todo. No ocupa el puesto de nadie, simplemente es en quien te apoyas y con la persona que más a gusto te sientes desahogándote. Es mucho tiempo el que lleváis de amistad, aunque para los demás quizás no el suficiente teniendo en cuenta la excelente gran relación que tenéis. Compartís cafés, fiestas, amigos, estudios o trabajos.

El tiempo libre te encanta disfrutarlo con tu familia y/o pareja —en realidad son tu prioridad—, pero sabes que a tu amiga la tendrás siempre, igual que ella a ti. Por eso, en una de las ocasiones que tu grupo realiza una reunión para cenar e ir a la discoteca después, tú optas por acudir a otra cita que tenías planeada desde hacía tiempo. Al terminar, te reunirás con todos los amigos para bailar.

Cuando llegas al lugar donde se encuentran, avisas a tu inseparable alma gemela para que salga a buscarte a la puerta del local, de esa manera también aprovecharéis para que te cuente —lo que viene a ser cotillear— lo sucedido durante las horas que no habéis estado juntas.

Una vez dentro, bailas sin parar, hablas con todos y una conocida de la pandilla te dice que tu amiga ha hecho un comentario muy feo sobre ti. No hace falta insistirle mucho para que te lo cuente.

—Ha dicho que el vestido que llevas es horrible y te queda fatal.

En ese mismo momento, la copa que estabas tomando te empieza a sentar mal, y a esa persona que te contó el chismorreo, le empiezas a decir de todo sobre la vestimenta de la que creías tu amiga.

—Ella sí que va fea, más quisiera ponerse mi vestido. Qué sinvergüenza decir eso cuando va de superamiga. Como hable yo de ella, verás. Ya se puede ir olvidando de mí, me ha fallado por completo. Muchas gracias por contármelo, tú sí que eres una gran amiga.

Después de haber vomitado lo que pensabas en ese mismo instante, te acercas donde están todos y te pones a bailar como una loca, ignorando por completo a la que fue tu amiga durante años. Ella inicia varios intentos de acercamiento, preguntándote qué es lo que te sucede, pero tu actitud no es muy afable. Estuviste el resto de la noche con tu nueva mejor amiga disfrutando sin parar.

A la mañana siguiente, lo primero que haces es mirar el móvil. Compruebas que has recibido varios mensajes suyos —«¿Se puede saber qué te pasa?, ¿no piensas hablar conmigo? No entiendo nada...»—. Desde luego, la entrometida amiga te da la razón de tu comportamiento la noche anterior —«No tiene perdón lo que dijo sobre ti»—.

Según pasan los días, te encuentras cada vez más decepcionada y triste, jamás te hubieras imaginado algo así. No es por el vestido, es porque una de las personas que más querías te ha fallado y criticado a tus espaldas. Al cabo de una semana suena el teléfono. Es ella. Dejas que salte el buzón de voz:

—Hola, no sé qué es lo que te pasa, no me has contestado a ningún mensaje. Debo entender que no quieres hablar conmigo y que estás enfadada. Sinceramente pienso que deberíamos charlar y solucionar lo ocurrido. No quiero molestarte, solo deseo que sepas que aquí estoy. Te quiero.

Al terminar te limpias las lágrimas y das carpetazo a esta relación. Evitas ir a sitios donde ella está, pero es difícil porque os movéis en el mismo grupo. Tu nueva amiga te cotillea que la otra ha ido diciendo que pasa de ti, que lo vuestro no era amistad. Y desde ese instante empiezas a despotricar sobre ella en cada ocasión que puedes.

A ti te da igual, tú tienes amigos, no la necesitas. Cuando estás en casa cotilleas por sus redes sociales y siempre que puedes preguntas sobre su vida, simplemente por curiosidad.

Por desgracia, la vida te da un duro golpe y un familiar cae enfermo, te pasas horas en el hospital hasta saber el diagnóstico. Hablas por whastapp con tu nueva amiga para desahogarte y te dice que en cuanto salga de trabajar se acerca para estar contigo. Nunca aparece.

En el móvil ves un mensaje que te llama la atención entre tantos que has recibido, es de tu examiga: «Me he enterado de que tu abuelo está en el hospital, dime, por favor, dónde estás que voy». Te sorprende mucho, pero te recuerda el gran daño que te hizo y no quieres verla. Sí tienes la curiosidad de saber cómo se enteró. «No hace falta que vengas, estoy con amigos. ¿Cómo te has enterado?». La respuesta no se hace esperar. «Estamos tomando algo y ha venido tu amiga que acaba de salir de trabajar y nos lo ha dicho».

Si ya estabas mal por lo de tu abuelo, ahora ese dolor se acentúa aún más, otra nueva decepción. La que creíste tu amiga, te ha mentido. No ha ido a visitarte, se fue de copas. El disgusto que tienes es terrible, analizas la situación y no dejas de preguntarte por qué mereces esto...

¿Qué has conseguido? Varias cosas. Principalmente sufrir.

* La decepción de descubrir que tu «hermana» ha hablado mal de ti te provoca mucho dolor.
* Mantienes la tristeza más de lo que imaginas.
* El no tenerla cerca te causa un vacío muy grande.
* Desconfías de todo el mundo.
* Al enterarte de que tu otra amiga prefiere irse de fiesta antes que estar a tu lado en un momento tan difícil hace que cojas miedo y no desees tener de nuevo una amistad sincera con nadie.

Desde el primer momento que alguien te dijo algo que supuestamente habían dicho de ti, apuntaste con el dedo, juzgaste, no diste opción a una explicación, no preguntaste. Te encerraste en tu rabia y, con tu orgullo, actuaste como creías. Preferiste pasarlo mal antes que rebajarte a hablar con esa persona. Preferiste creer a una chica que no conocías de mucho, tiraste por la borda tu relación, te dejaste llevar por esa supuesta amiga que, pasado un tiempo, te demostró que no lo era, porque en uno de tus peores momentos prefirió irse de fiesta antes que estar junto a ti llorando. Sin embargo, esa otra que tú decidiste abandonar en su día, quiso una vez más estar a tu lado.

Te encabezonaste con que no te importaba, pero te engañabas tú sola, porque las redes sociales y tus preguntas sobre ella no tenían otra intención que saber de su vida. La echabas de menos.

¿Qué puedes conseguir? Todo lo contrario a lo anterior.

* Después del comentario, ve donde está tu amiga y dile que necesitas hablar con ella a solas.
* Cuéntale qué te ha pasado y lo que te han dicho.
* Deja que hable y te cuente cuál es su versión.
* Si te sigue molestando o su explicación no te vale, dile que te sientes herida.
* Si te pide perdón, acéptalo porque seguro que tú también te has equivocado en alguna ocasión.
* Si has solucionado el malentendido, ríete con ella y sigue disfrutando de la noche.
* Y, desde luego, ignora a la persona que ha provocado la situación porque su única intención es malmeter.

Como ves, en muchas ocasiones nos complicamos la vida sin necesidad. Nos fiamos de quien no debemos en vez de confiar en quien nos quiere, y provocamos nuestro propio malestar poniendo punto final a relaciones importantes.

Es muy sencillo dar soluciones positivas a ciertos momentos para lograr ser más felices, pero enredamos las cosas de una manera tremenda.

Si quieres ir a un restaurante y tu gente no, no te enfades y disfruta de la noche. Pásalo bien en esa cena y otro día

vais al que tú quieres. Si no tienes medias para un vestido y todo está cerrado, ilusiónate con otro traje maravilloso y ese déjale para otra ocasión. No esperes a que ese amigo o familiar te llame, piensa que quizás hay una explicación; escucha y después juzga. Si te toca trabajar un sábado, no te enfades y en vez de salir hasta las tantas, merienda con tu gente y vete a casa pronto. Si te gusta un chico y no te contesta a los mensajes que sabes que ha leído, no te adelantes a nada. Como a ti, le pueden suceder muchas cosas. Si tu pareja y tú os habéis enfadado y ninguno de los dos habla, da tu brazo a torcer y sé tú quien se adelante.

> **Consejo**
> Una misma situación tiene siempre dos lecturas posibles: una positiva que te hace sentir bien, y una negativa que te amarga y te agobia. Tú eliges.

Tantas complicaciones... para qué. En vez de solucionar, enredamos y solo conseguimos hacer de un grano de arena un castillo.

CAPÍTULO 4

La visita mensual

Muchos de los refranes, dichos populares y expresiones con respecto al comportamiento del ser humano llevan razón y estoy conforme con su significado, pero hay otros que no solo no los acepto, sino que incluso ataco al que los pronuncia.

Concretamente hay algunos que cada vez que los escucho salto como una leona a pesar de que esté de acuerdo, sobre todo si lo dice un hombre, porque los relaciono con un comportamiento machista y porque, aunque sea cierto, las mujeres lo vivimos de una manera bien distinta a ellos. Sí, me refiero a la menstruación.

Aunque lo parezca —que conste que ahora mismo no estoy menstruando— no les estoy atacando, tan solo intento hacerles entender que aunque lleven parte de razón, la manera de decirlo es lo que nos pone de los nervios —ahora es el momento de enseñar esto a tu marido, novio o amigo para que nos entiendan—.

Algunas de las frases —«¿Qué pasa, que estás con la regla? Estás inaguantable», «¿Quieres discutir? Se nota que estás con la regla»— y la manera de decirlas me sacan de mis casillas porque son estereotipos que los hombres usan como excusa perfecta para quitarnos la razón o aplazar la conversación por nuestro estado.

¡Qué gran diferencia con un «me siento hinchada», «tengo más carácter», «duermo peor», «me duele mucho», «como más de lo normal»... y «es por la regla». Aunque el contenido sea el mismo, la forma de decirlo, no. Y es que según se exprese algo de una manera o de otra, la reacción es distinta.

De momento, vamos a centrarnos en nosotras y después doy paso a ellos —querido amigo, te recomiendo que no dejes de leer para que comprendas muchas de nuestras conductas—.

✽ ✽ ✽

El cuerpo de la mujer sufre muchos cambios a lo largo del mes, y no solo los días que estamos «malas». La ovulación es un proceso que se produce aproximadamente en el decimocuarto día después de la regla. La pared del folículo ovárico se rompe y libera un óvulo, esto provoca la preparación para que días después nos baje la regla. Esos momentos también son los más fértiles para un posible embarazo.

Como puedes suponer, los trastornos psíquicos y físicos debido al ciclo menstrual son muy notables. Alguno de los síntomas que se producen —se han llegado a recoger más de ciento cincuenta— son:

* fatiga,
* somnolencia,
* cambios de apetito —necesitamos tomar sobre todo alimentos con azúcar—,
* falta de concentración e irritabilidad.

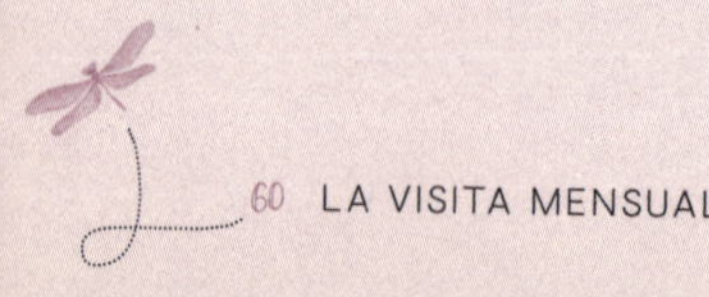

Pero también otros físicos como:

* malestar generalizado,
* hinchazón abdominal —a muchas mujeres les produce pinchazos agudos— y de mamas,
* dolor de cabeza y de espalda.

Como ves, los trastornos son muchos y para todos los gustos, así que lo mejor es, una vez más, ser práctica y solucionar los problemas de manera positiva para evitar enfados contigo misma. Te pongo varios ejemplos:

Esos odiosos granitos o espinillas días antes del período que poco a poco se hacen más grandes hasta convertirse en un verdadero fastidio.

* La realidad

La alteración hormonal provoca que salgan, pero a su vez desaparecen sin dejar rastro.

* Tu visión

—Ni siquiera el maquillaje tapa los granos; además, cada minuto que pasa son más voluminosos y se ponen de color blanco. Mi cara es horrible y por eso lo mejor es explotarlos.

Veinticuatro horas después las marcas en la cara con costra ya son imposibles de disimular.

—Tengo un rostro horrible y no voy a salir de casa así. El cabreo que tengo es monumental.

* La solución

Si sabes que van a salir, cómprate un corrector adecuado para disimularlos. Existen varios en tiendas de maquillaje. Si el grano es de color rojo, el corrector verde es el adecuado. Para que desaparezcan lo antes posible y no vayan a más, adquiere un producto que los seque en cualquier centro de estética. Ya has evitado un enfado contigo misma.

El apetito aumenta de manera considerable o en ocasiones desaparece.

* La realidad

Los cambios hormonales hacen que los niveles de hierro y azúcar disminuyan, lo que provoca sensación de hambre en ocasiones y, en otras, pérdida de apetito.

* Tu visión

—Por la mañana no me apetece otra cosa que dulce, para comer quiero unos filetes de pollo empanados con patatas y la tarde es horrorosa: no hago más que comer gominolas, bollos y refrescos. Y por supuesto para la cena, una hamburguesa o pizza. Estoy como un tonel, no me miro ni al espejo porque me pongo enferma y aún me quedan varios días de regla. Y con la rabia que tengo me da exactamente igual todo y sigo comiendo sin parar, enfadada a más no poder. Total, ya he engordado. Hay otros meses que me aguanto y no pruebo nada de lo que el cuerpo me pide, mi enfado aumenta más porque peleo con mi estómago. Es un sinvivir.

También está la otra versión de no comer nada.

—Me angustio porque me duele la tripa. Me veo mala cara pero soy incapaz de meterme nada en la boca, y si lo hago no me sabe a nada.

* La solución

El cuerpo pide, pero tú mandas. Si te da por comer a todas horas y alimentos distintos de los que normalmente tomas, no te asustes ni alarmes. Si te das cuenta, cuando pasa la menstruación te deshinchas y el vientre baja, eso significa que lo que has ingerido no era para engordar, sino porque te faltaba alguna sustancia.

Come lo que quieras y disfrútalo, y en vez de ponerte una camiseta de licra ajustada, ponte esa ancha que tienes para engañar a tu cerebro. Cuando pase esa «ansiedad» por la comida, equilibra de nuevo tu alimentación y todo volverá a la normalidad.

En el caso de pérdida de apetito, compra en una farmacia vitaminas que te aporten todo lo que necesitas en esos días. Es superimportante que no dejes de beber agua para estar siempre hidratada.

Ya sea por la falta o por la pérdida de apetito, no te castigues y siéntete bien.

El carácter cambia y el mal humor aparece.

* La realidad

La alteración y las variaciones en los niveles de hormonas hacen que suframos ciertos cambios como cansancio,

dolor y malestar, lo que provoca estar de mal humor. A mucha gente le sucede sin necesidad de estar con la regla.

* Tu visión

—Me desespera tener que llegar a casa y hacer la cena para todos, lo hago sin ganas y por supuesto cocino cualquier cosa y no acepto ninguna petición. Que mi marido no sea capaz de recoger la mesa me pone de los nervios y, acabo por decirle cuatro cosas para que le quede bien claro que así no puede ser. Además, ni por lo más remoto voy a recoger lo que mis hijos han dejado por medio durante todo el día, con un chillido les pongo firmes.

Parece que todos piensan al revés que tú y que el mundo es inaguantable.

—Estudiar después de estar todo el día en la universidad no es lógico, para nada lo voy hacer. Además, son las once de la noche y mi novio aún no ha llegado a casa, este me va a escuchar. Y para colmo me llama mi madre para recordarme que debo renovar el DNI cuando estoy tomando algo.

* **La solución**

Sabes de sobra que no te aguantas ni tú en estos días, vives enfadada contigo misma y lo único que haces es pagarlo con los demás. Lo que nunca te molesta, ahora sí.

¿No tienes ganas de hacer la cena cuando llegas? Déjala hecha por la mañana o la noche anterior. ¿Te enerva que tu marido no recoja la mesa? Explícale que esos días estás mucho más delicada y para que todo fluya bien debe de ayu-

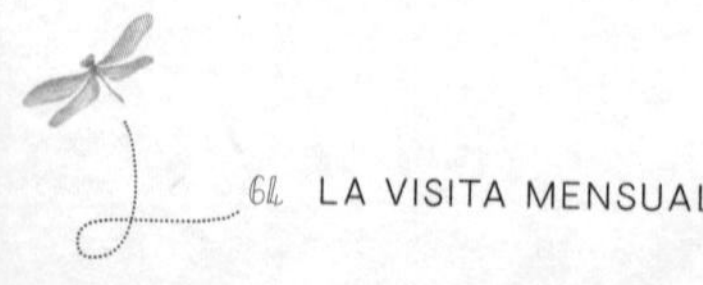

darte; no es lo mismo hablarlo con él y que lo entienda a que tú creas que debe saberlo. ¿No vas a tolerar que tus hijos dejen todo por el medio? Haz lo mismo que con tu marido, habla con ellos para que lo entiendan. Si son muy pequeños la opción es recogerlo justo antes de irte a la cama, así calmarás el mosqueo al descansar.

¿Te molesta que tu madre te llame cuando estás con tus amigos? Dile que la llamas en unos minutos y lo entenderá.

Todos los ejemplos que he puesto pueden ser parte de tu rutina diaria, pero al estar más irascible no soportas ninguno.

> **Consejo**
> No te enfades ni amargues los días de regla, solo ten una estrategia para combatir los cambios que sabes que se van a producir en tu cuerpo. Mantener la sonrisa depende de ti.

SEGUNDA PARTE

Lo que yo he vivido

CAPÍTULO 5

Miedo al no

Si algo caracteriza al ser humano, es que se lanza al vacío en muchas ocasiones sin pensarlo. No sopesamos las consecuencias de lo que surgirá después, de lo que sucederá si las cosas salen mal o incluso de si salen bien. En algunos momentos ni siquiera sabemos dónde nos metemos. La necesidad, la ansiedad y la pasión nos llevan en una dirección, aunque tuviéramos pensado ir en otra. La necesidad de trabajar, la ansiedad de querer una casa mejor, la pasión por una persona. Sea como sea, lo cierto es que el tiempo y las circunstancias nos hacen buscar soluciones a los problemas que van surgiendo o nos hacen adaptarnos a la situación.

En realidad estas tres palabras, necesidad, ansiedad y pasión, están estrechamente ligadas. Me explico. Cuando tenemos necesidad de trabajar, ansiamos empezar cuanto antes, pues es lo que nos traerá la tranquilidad económica, y pondremos pasión en lo que hacemos para continuar disfrutando de lo que hemos conseguido. Tres palabras diferentes unidas para provocar algo de lo que muchas veces carecemos: atrevimiento, osadía, arrojo; adentrarnos en un camino desconocido.

✤ ✤ ✤

De niños nos atrevemos con todo porque no valoramos el riesgo que conlleva una acción. De adolescentes ese arrojo se incrementa y se hace más notorio a pesar de que somos un poco más conscientes de las repercusiones de nuestra actuación. Sin embargo, ya de adultos, ese atrevimiento se convierte en miedo y en inseguridad. Es probable que la experiencia nos haya llevado por el camino de la cautela y de la prudencia.

En la niñez jugamos a estar en la adolescencia, y cuando llegamos a esta etapa deseamos independizarnos creyendo que la emancipación es sinónimo de independencia y liberación. Tan solo cuando llegamos a la edad adulta es cuando añoramos el pasado y echamos de menos la falta de preocupación. No obstante, la vida transcurre como ha de ir, y los objetivos en cada etapa deben ser disfrutar de ellas.

No es malo echar de menos siempre que no nos arrepintamos constantemente de las cosas que hemos hecho o hemos dejado de hacer. Y para eso debemos incorporar a nuestro vocabulario la palabra atrevimiento y eliminar la del miedo. Fíjate en los ejemplos siguientes y dime si no te han pasado y has tenido una actitud negativa.

Juventud, divino tesoro

Obviamente en la niñez no eres consciente de lo que te depara el futuro, y muchas veces ni siquiera en la adolescencia, pero desde luego sí en la juventud. De ahí la importancia de profundizar a partir de esta etapa:

* Porque te toca decidir si seguir estudiando o **NO**.

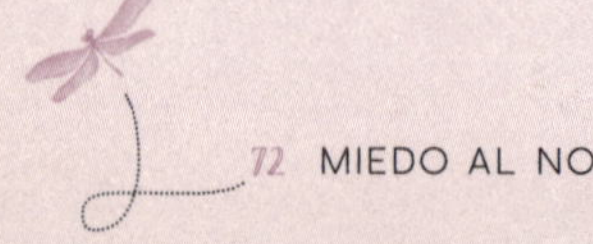

* Porque una vez decidido, **NO** sabes por qué carrera inclinarte.
* Porque después de empezar, **NO** te crees capaz de sacarla.
* Porque al terminar, **NO** crees que encuentres trabajo en lo que has dedicado tanto tiempo.
* Porque al trabajar, **NO** te crees capaz de aguantar en el puesto.

Todas esas inseguridades son las que no te permiten avanzar serenamente. Si te llegó el momento de elegir carrera es porque has sido buena estudiante y, escojas la que escojas, te será tan difícil como los estudios anteriores. Por tanto, detente en lo importante: ya lo conseguiste antes y serás capaz de lograrlo una vez más. Elige la que más te guste o con la que más a gusto te sientas; piensa que el día de mañana, vivirás de ello.

No sabes qué te deparará el futuro. De momento preocúpate solo en terminar los estudios y visualízate trabajando en lo que vas a dedicar tanto tiempo. Quién sabe si el trabajo lo encontrarás fuera de nuestras fronteras o cerca de donde has vivido siempre. Recuerda la motivación y siente orgullo de ti.

> **Consejo**
> Seguro que también veías imposible otras cosas y las has logrado. Pelea y gana, porque a nadie nos gusta perder. Y rendirse ya es perder.

La amistad os une desde hace mucho, es un simple colega o solo coincidís a menudo. Te gusta, pero no te atreves a decírselo.

* Te encantaría tener su número de teléfono, pero **NO** sabes cómo conseguirlo.
* Te mira a menudo, pero **NO** sabes si lo que siente es recíproco.
* Tiene tus mismos gustos, pero **NO** sabes si le gustaría compartirlos contigo.
* Te ha escrito, le has contestado, ha leído tu mensaje, pero **NO** te responde.

Si no haces partícipe a una persona de tus sentimientos, nunca sabrás si es mutuo. Si deseas conseguir su teléfono, pídeselo. Tal vez no es tan atrevido como tú crees y la vergüenza le puede como a ti. Si tienes dudas de saber si quiere compartir tus gustos contigo, propón hacer algo juntos o en grupo. Descubrirás la respuesta de inmediato. El simple hecho de escribirte debe ser una pista para saber que al menos te cree interesante. Ha mostrado interés, y ha dado el primer paso. No hagas que tu desesperación atraiga otras inseguridades

> **Consejo**
> ¿Es mejor resolver tus dudas o sacar tus propias conclusiones? Las suposiciones erróneas a partir de ciertos indicios te pueden perjudicar tanto como elegir un camino equivocado.

Edad adulta, luchar contra la resignación

Después de mucho tiempo trabajando, necesitas descansar, tomarte unos días de vacaciones. Llevas semanas pensándolo, aunque una vez más aparecen los peros y los noes.

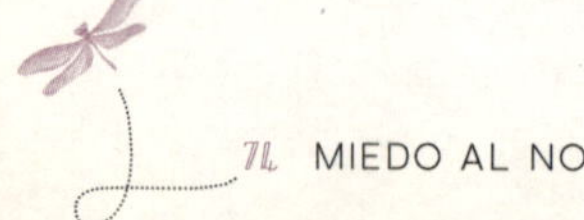

* Porque **NO** eres capaz de pedirle a tu jefe los días libres.
* Porque te apetece mucho irte a un sitio en concreto, pero **NO** crees que te lo puedas permitir.
* Porque **NO** te lo vas a pasar bien.
* Porque **NO** tienes la ropa adecuada.

Tu jefe también es persona, y estás pidiendo algo que seguramente él hizo cuando tenía el mismo rango que tú. ¿Crees que no te lo puedes permitir o sabes que no te lo puedes permitir? Abórdalo al revés: asegúrate de que puedes y después planea el viaje. Si estás negativo antes ni siquiera de hacer las maletas, es posible que consigas aburrirte. Si no puedes comprar ropa nueva para tus vacaciones, transforma las viejas. Hay mil tutoriales en interntet. Es posible incluso que se convierta en una adicción.

¿Positividad y vacaciones o amargura? Depende de ti.

> **Consejo**
> Circunstancias absurdas o importantes. Las pequeñas te quitan el sueño y las grandes las conviertes en gigantes.

* **NO** vale la pena hacerme la manicura. Hazla, y las manos te lucirán como nunca.
* **NO** puedo comprar el coche que me gusta. Busca uno de segunda mano o ilusiónate por otro modelo.
* **NO** me veo bien con ningún vestido, estoy enorme. Tu estado de ánimo no es el mejor. Dedícate al peinado y al maquillaje, y deja el vestuario para otro día.

* **NO** puedo comer dulces, si lo hago NO voy a adelgazar. Sé consciente de que un dulce no hace mal a nadie, abusar sí, y tú nunca lo harás porque conoces tus límites.
* **NO** puedo ir a ese restaurante porque es muy caro, no salgo. Compra en algún *delicatessen* un capricho que te guste y disfrútalo. Haz una cena distinta en tu casa para los amigos.

Positividad es lo único que necesitas en cada acción que realices. Sé que es fácil decir que debes ser optimista cuando alguna situación te está superando, pero cambiar de actitud es lo mejor para disfrutar de una vida diferente. De esos miles de pensamientos que tienes al día, estoy segura de que la mitad de ellos son para contradecirte.

Yo soy positiva —seguro que te has dado cuenta—, y aun así discuto y me enfado conmigo misma un montón de veces, y soy capaz de convertir un bonito día en un desastre. Te pongo el ejemplo real de cómo mi marido y yo nos conocimos, y de cómo casi hecho a perder mi relación por mi actitud.

Yo trabajaba por entonces en un programa de televisión. Un día, en pleno directo, mi teléfono no dejaba de sonar. Era un conocido que me informó de que un chico tenía especial interés en hablar conmigo. Le dije que si tan importante era que le diera mi teléfono y me enviara un

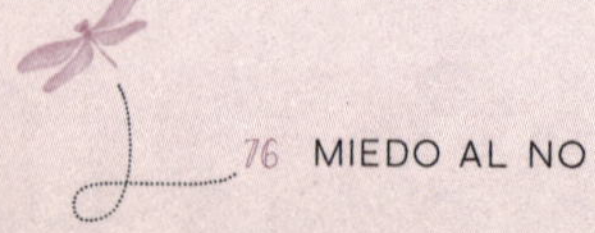

mensaje; si yo valoraba que era interesante, le atendería inmediatamente.

Después de intercambiar varios sms preguntando el motivo de su interés, llegué a la conclusión de que no tenía nada que ver con el trabajo, así que apagué el móvil para que no siguiera molestando.

A pesar de mi respuesta, durante bastantes días siguió insistiendo. Me dijo quién era y que quería conocerme. Por simple curiosidad, busqué su nombre en internet para ponerle cara, y si he de ser sincera, no me gustó nada físicamente.

Recuerdo que les decía a mis amigas y a mi madre que todo me parecía extraño. ¿Tanto interés tan solo por conocerme? Estaba segura de que lo único que quería era sexo, así que se lo pregunté directamente una de las veces y me contestó con un rotundo no —estaba claro que responderme lo contrario hubiera sonado muy vulgar—.

Mis sospechas cada vez se disipaban más porque no decía de vernos, solo hablábamos por teléfono. No faltaban los mensajes de buenos días y de buenas noches, y comencé a sentirme cómoda contándole mis días.

Pasadas unas semanas la relación fluía de tal manera que necesitaba a diario hablar con él. Era una persona maravillosa, sentía que le conocía de siempre, me llamó mucho la atención su humildad y su forma de ver la vida. Sobre todo le admiré por su historia personal, por lo que había pasado hasta llegar donde estaba. Era un luchador invencible.

Lo inevitable llegó y finalmente decidimos quedar para conocernos en persona. Quedamos en su casa porque él estaba con muletas y le costaba salir a la calle. Cuanto más me acercaba a la vivienda, más nerviosa estaba. Pero los nervios pasaron en el momento que abrió la puerta.

Me invitó a entrar, a sentarme y comenzamos a hablar. La charla fluía como si de un viejo amigo se tratase, pero cada vez estaba más embobada, tanto que al despedirnos fui yo la que le dio un beso en los labios. Sentí tener de nuevo quince años. Más aún cuando al montarme en el coche dispuesta a marcharme recibí un mensaje suyo en el móvil diciéndome que volviera. Me dio un vuelco el corazón.

Mi madre lo notó nada más entrar por la puerta. Ahora sí que estaba convencida de que era una persona parecida a mí. No le gustaban los lujos, y se mostró tal como era, tanto que la primera vez que pudo al fin salir a la calle, su hermano pequeño nos acompañó y terminamos comiendo en un McDonald's.

Fue ya en la siguiente cita cuando nos dejamos llevar por la pasión. Dormimos abrazados toda la noche, y fue la primera de otras muchas que vinieron después.

Un día, en uno de los encuentros, le noté frío y distante. Estaba diferente a otras veces. Supuse que se trataría de un tema personal, aunque me resultó extraño que no me lo dijera porque ya teníamos suficiente confianza. Luego entendí el porqué. El tema era yo.

Días después, en una de nuestras conversaciones telefónicas me puse tan pesada que al fin confesó lo que le pasaba. Solo quería tener una relación de amistad conmigo.

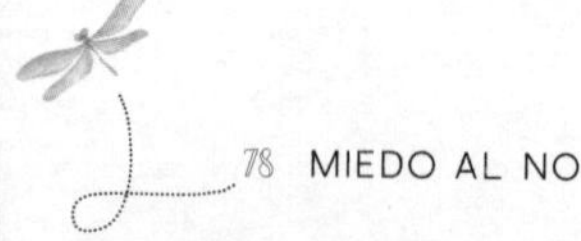

Estaba viendo que lo nuestro iba demasiado rápido. En ese momento sentí cómo todo el cuerpo me pesaba. No era capaz de articular palabra y el silencio duró hasta que le dije si podía ir a su casa.

No tardé ni cinco minutos en vestirme y salir por la puerta. El transcurso del coche fue horrible, jamás había sentido tanto vacío. No podía suceder eso, perder de repente a la persona que me había transformado en otra, era feliz, no paraba de sonreír, me sentía especial... Necesitaba saber por qué ese cambio tan de repente. El motivo no era otro que miedo: se estaba enamorando de mí y el recuerdo de su relación anterior le frenaba a la hora de volver a sentir.

Lo que no sabía es que yo ya estaba completamente enamorada de él. Así que a partir de ese momento luché por conseguir su amor, para eliminar su miedo. Me sentía con fuerzas para ganar esa batalla. Era mucho lo que me jugaba, el amor, y mucho lo que estaba en juego, la felicidad. El objetivo merecía la pena: estar junto a él.

Desde el dieciocho de agosto de dos mil diez hasta hoy vivimos felices y hemos formado nuestra propia familia. Si en ese momento yo hubiese entrado en un mar de dudas y hubiera incorporado el NO en mi historia, probablemente hoy no estaríamos juntos.

Consejo

El **NO** te paraliza y el **SÍ** te abre posibilidades. Ahora, cada vez que tengas una batalla contigo mismo, elige: ¿miedo al **NO** o atrevimiento?

CAPÍTULO 6

Quiero, lo deseo, pero no puedo

Existen multitud de cosas que deseamos tener y no podemos. Algunas las podremos alcanzar en el futuro si, por ejemplo, mejora nuestra economía —cambiar de coche, tener una casa mejor, viajar más...—, pero otras, por desgracia, no dependen de nosotros, sino de la vida o del destino, y producen frustración, agonía, rabia y tristeza si no somos capaces de lograrlas. Todos sentimientos negativos que desembocan en la más absoluta desesperación. Querer ser mamá y no poder es una de ellas.

No podía dejar de tratar este tema que tanto me ha afectado, y que posiblemente otras mujeres estén viviendo ahora.

Por norma general, cuando encontramos a esa persona con la cual decidimos compartir el resto de la vida, comienza una nueva etapa llena de magia y de exultantes momentos.

Al principio de cualquier relación los nervios son los protagonistas de las citas. Las horas pasan despacio hasta que te encuentras con él y rápido cuando estás a su lado. La presión de estar guapa se hace insoportable si al salir de casa no crees estar perfecta, y la torpeza en las conversaciones interminables te hace trabarte en más de una ocasión.

Comienzas a darte cuenta de que jamás habías vivido algo así, y de que disfrutas bailando más con él que con tus amigos. El móvil lo miras aunque no suene y sus mensajes los contestas incluso trabajando. Ahora entiendes lo de que el amor es el sentimiento que mueve el mundo.

Empezáis a hablar de planes de futuro y de tener vuestro nido de amor. De casas y de muebles, de precios y de finales de mes. Las anteriores rutinas forman parte del pasado y comienzan las nuevas vivencias: reuniones de amigos, fiestas hasta el amanecer, comidas familiares, películas con manta, ricas cenas con vino, relaciones sexuales durante toda la noche donde la pasión y la locura se apoderan de vosotros.

Continúan los planes y formalizar la relación, dar el sí quiero, es el siguiente paso. Un evento donde todo el mundo es testigo del amor que sentís el uno por el otro. Pero los proyectos juntos no se detienen y formar una familia empieza a dar vueltas en vuestras cabezas.

En este momento voy a cerrar los ojos y a volar hacia mis recuerdos.

La gente siempre me decía que lo normal era tener un hijo después de casarse —mi marido incluso deseaba ser padre antes—, pero sinceramente yo no estaba preparada aún para la maternidad. Me hallaba en pleno apogeo en mi trabajo, además quería disfrutar de experiencias los dos solos. Sin embargo, pocos meses antes de la boda, una noche nos

dejamos llevar por la locura. No recuerdo otro momento tan bonito como ese; ahí empezó la búsqueda.

Hacer el amor con mi pareja siempre ha sido maravilloso, innovador y perfecto. Jamás había disfrutado tanto en el sexo. Si a eso le sumaba que estaba buscando un bebé, las ganas se potenciaban más y las emociones aumentaban.

Yo siempre he tenido muchos problemas con el período, los desarreglos y los dolores se apoderaban de mí cada mes. Mi primera regla después de esa perfecta noche tardó y no esperé a que me bajara, rápidamente fui a la farmacia a comprar un test de embarazo para hacerme la prueba. El resultado fue negativo. Unas semanas después confirmé lo que ese aparato indicaba.

Hablé con mi madre, mi tía y mi abuela —mejor que ellas nadie para aconsejarme— y las tres me dijeron que quedarse embarazada no era tan fácil, aunque lo pareciera.

Un tiempo después llegó el día de convertirnos en marido y mujer. Disfrutamos del merecido viaje de novios y, por supuesto, de nosotros mismos, y continuamos con nuestros respectivos trabajos.

Después de unos meses donde se repetían siempre los negativos, acudí a la ginecóloga para saber por qué no me quedaba embarazada. Me tranquilizó y me dijo que hasta el año no era necesario hacer ninguna prueba ni ningún estudio, y que la tardanza era normal. Pero lo que antes no suponía ninguna inquietud, pasó a formar parte de mi día a día. Deseaba que llegara la fecha para realizarme la prueba, desde el minuto uno de iniciar la relación sexual ya estaba pensando en si me quedaría o no en estado.

Mi marido me notaba tensa y me veía hacer cosas extrañas una vez terminado el acto —subía las piernas para arriba con la intención de que el semen no se cayera y se mantuviera dentro de mí—. Leía constantemente foros donde otras mujeres explicaban sus experiencias y cada vez que hablaba por teléfono con amigas o familia sacaba el tema. Intentaba encontrar una salida que me diera motivación.

Al cumplir el año acudí de nuevo a la consulta de la doctora para que me realizara los estudios de los que habíamos hablado. Una primera ecografía indicaba que tenía muchos quistes —lo que se denomina ovarios poliquísticos—, pero eso no significaba que no pudiera ser madre, tan solo que las reglas eran irregulares y que los desarreglos hormonales podían afectarme para conseguir un embarazo con rapidez.

Entonces comencé un tratamiento de ovulación creyendo que sería la solución al problema. Unas pastillas que hicieron exactamente lo que la especialista me anticipó: puntualidad en mi menstruación. Además, también compré por mi cuenta los famosos test de ovulación. Eso me ayudaría a saber cuándo estaba ovulando y en qué momento debía tener relaciones.

Estaba tan obsesionada, que recuerdo un día en Sevilla, en casa de un amigo. Habíamos ido a conocer a su hijo recién nacido y esa tarde en el baño me hice la prueba. No podía perder tiempo. Bajé corriendo al salón donde estaban todos y al oído le dije a mi marido el resultado. Esperamos a la noche y cuando nos fuimos a dormir hicimos el amor apasionadamente, convencidos de que ese día jamás lo podríamos olvidar, puesto que estábamos «fabricando» a nuestro ansiado bebé.

Quién me iba a decir a mí que rezaría para que no apareciera la maldita regla. Antes deseaba que viniera puntual y ahora todo lo contrario, que no apareciera.

Pinchazos en la tripa y unas manchas marrones. Nada que ver con los anteriores meses. En los foros que tanto seguía decían que cuando estabas embarazada a veces tenías dolores fuertes en la vejiga. Era buena señal, pero...Prueba de embarazo: negativa.

Sinceramente me vine abajo, pero preferí esperar unos días para volver a repetir el test. Quizás el resultado era erróneo —la gente decía que existen los falsos negativos—. La semana siguiente repetí de nuevo la prueba, a pesar de que llevaba cuatro días manchando abundantemente. Me daba igual, había casos extraños y yo podría ser uno de ellos. Una amiga mía estaba embarazada y tuvo la regla durante tres meses. No se dio cuenta hasta el cuarto. Pero una vez más, intento fallido.

Llamé a mi doctora para ir a verla lo antes posible y me aconsejó visitar a un especialista en reproducción asistida.

—Ellos saben hacer las pruebas precisas para averiguar el problema y dar con la mejor solución —me dijo.

Solo pude escuchar la palabra «problema» y la confirmación de que no era fácil que me quedara embarazada de forma natural. ¿Qué me pasaba? Ni ella lo sabía.

Lo primero que hice fue telefonear a mi marido y llorar mientras le contaba lo sucedido. Él me tranquilizó diciéndome que lo conseguiríamos juntos.

Mi madre me acompañaba a todas las consultas, y me insistía en que la tristeza no ayudaba nada, todo lo contrario. Me recordaba una y otra vez la historia de mi tía Sara y lo mucho que le había costado tener a sus dos hijas. Eso me consolaba y me daba fuerzas para no dejar de luchar.

Sara emprendió su camino junto a su pareja en busca de la familia soñada. Cuando después de un año su doctor le dijo que tenía una de las trompas obstruidas, además de otros problemas, la esperanza de quedarse en estado de forma natural se esfumó.

Al cabo de un tiempo decidieron comenzar el mismo tratamiento que el mío. Su sorpresa llegó cuando le dijeron que su bebé nacería en siete meses: Sara llevaba embarazada dos. En el momento que dejó de presionarse y se ocupó de otros asuntos prioritarios como era la delicada operación de su madre, la vida le dio ese regalo, Aitana. Y tan solo un año después nos llamó llorando de alegría porque otra niña venía en camino, Claudia. Mantenía la esperanza de que me pasara lo mismo que a ella. Ni siquiera comenzó el tratamiento cuando quedó en estado de buena esperanza.

Decidida y con ganas, acudimos a la especialista para empezar las pruebas. La primera la realizamos en Lisboa —Ezequiel estaba trabajando allí por esa época—. A pesar de que me dijeron que era un poco molesta y yo lo confirmo, me dolió muchísimo.

Dos semanas después teníamos los resultados. Él estaba bien, pero yo tenía las trompas un poco obstruidas. A pesar de eso, me dijeron que podría quedarme embarazada gracias a la reproducción asistida.

Me explicaron dos posibilidades, una era la inseminación artificial —el óvulo y el espermatozoide hacen el recorrido solos hasta encontrarse y fecundar— y otra la fecundación in vitro —en el laboratorio se fecunda el óvulo y el espermatozoide, y luego se deposita en el útero—. Al tener las trompas un poco dañadas, lo mejor en mi caso era hacer lo segundo. De esa manera iban a lo seguro.

Mi marido tenía ganas de empezar, mi familia y amigas me daban todo su apoyo y yo, la verdad, me encontraba con fuerzas a pesar de que tenía que inyectarme durante diez días y acudir después cada dos al médico para que me hicieran una ecografía y ver cómo estaban creciendo los óvulos. Los pinchazos dolían bastante, alguna medicación picaba al ponerla, pero aprendí a superar lo que nunca jamás imaginé: pincharme yo sola. El miedo se convirtió en ganas.

Después, transcurrido ese tiempo, me hicieron una punción para extraer los óvulos. ¡Trece buenos me sacaron! Solo faltaba que los fecundaran con la muestra de semen que mi marido había dejado. Al día siguiente tendría los resultados.

Me fui a casa con bastante dolor, estaba hinchada. Como era de esperar, no pude dormir absolutamente nada esa noche porque deseaba escuchar el teléfono cuando antes. Y nunca mejor dicho, pues en un abrir y cerrar de ojos, sonó mi móvil.

—Buenos días, Tamara, muchas felicidades. Tienes ocho preciosos bebés. En dos días te transferimos dos.

¡Qué alegría tan grande! Tanta, que nos fuimos la familia y los amigos a celebrarlo. En solo nueve meses tendríamos a nuestro tesoro en casa.

La cita era a las ocho de la mañana. Recuerdo las lágrimas al ver en el monitor cómo introducían los embriones. Me recomendaron hacer vida normal, solo tenía que tener precaución de no coger peso o hacer movimientos bruscos, y mi marido bromeaba diciendo que tenía ya cara de embarazada.

Era diciembre, un mes de celebraciones y fiestas, pero yo no probé ni una gota de alcohol ni siquiera en Nochebuena. En Navidad comencé a sentirme mal, tenía ganas de vomitar, así que me fui a la cama deseando que pasara pronto para hacerme al día siguiente la prueba de embarazo. Y ocurrió antes de lo previsto. A las siete y media de la mañana me di cuenta de que estaba manchando y tenía fuertes dolores. Aun así, me hice la prueba. Resultado: negativo.

El mundo se me vino encima. Sentí tanta impotencia, rabia y fracaso que no podía dejar de llorar. No había consuelo que frenara tanta tristeza. Mi marido me abrazaba fuerte e intentaba calmarme, pero solo pudo hacerlo una vez. Me aislé de todo y de todos, y estuve tumbada en el sofá y arropada con una manta el día entero.

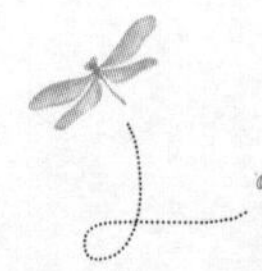

Mi madre y mi tía insistían en que no podía venirme abajo, que el resultado final dependía mucho de la fuerza de cada uno. Mi doctora me dijo lo mismo cuando la llamé al día siguiente para contarle lo ocurrido.

La posterior transferencia tampoco fue válida. De vuelta a los lloros y a la tristeza. Otro intento, muy positiva frente a los demás, pero aterrada en realidad. Nueva transferencia y un nuevo negativo. Ya no quedaban embriones. Debía empezar el proceso desde cero: pinchazos en casa, controles de ovarios, extracción de óvulos y transferencias. Como si fuera a comerme el mundo, inicié de nuevo el camino.

Esta vez había más embriones, pero de inferior calidad, aunque suficientes para conseguir el sueño ansiado. Comencé a obsesionarme, y después de cada negativo me compraba varios test de embarazo y me realizaba las pruebas incluso estando con la regla. Leía hasta altas horas de la madrugada foros para buscar alternativas, me registraba con nombres falsos para conseguir información, comía sin parar alimentos que aconsejaban para quedarse embarazada —muchos de ellos eran falsos, pero yo me lo creía o lo necesitaba creer— y visitaba páginas de métodos caseros para realizar justo después de las relaciones sexuales.

La doctora decidió variar el tratamiento, pero anímicamente me sentó fatal. Tenía bruscos cambios de humor, pesadillas diarias y una severa retención de líquidos que me hizo subir de peso considerablemente. Además, al hacer la extracción esta vez vieron que tenía algo en las trompas uterinas, hidrosálpinx se llama. Es una acumulación de líquido

en una o en las dos trompas que provoca que el embrión no se implante.

No derroché ni una lágrima, en cuanto se me pasó la sedación, me vestí con ayuda de mi madre y abandoné el hospital. No me rendía, estaba decidida a ser madre sí o sí.

Tenía dos opciones para que el líquido no perjudicara al único embrión que había conseguido, una era sellar las trompas y la otra, quitarlas. En cualquier caso, no tendría ya posibilidades de quedarme embarazada de forma natural.

El nueve de agosto me citaron en ayunas para hacerme la operación. Llamé a Ezequiel para darle ánimos. Esa misma tarde jugaba la semifinal del Mundial con la Selección Argentina. Los veinte minutos que debía durar la operación por laparoscopia se convirtieron en tres horas. No había probabilidad de sellarlas, y mi doctora decidió extraerlas porque estaban completamente retorcidas y con bastantes adherencias.

Quince días después estaba tumbada de nuevo en la camilla dispuesta a ver una vez más el recorrido de los embriones en el monitor.

Mi estado de ánimo, a pesar de la fuerza que demostraba a todos, estaba haciendo mella en mí, y, finalmente, confesé a mi marido lo mal que lo había pasado y lo estaba pasando y las lágrimas que había derramado a solas. Habían sido tres años de inseguridades, de psicólogos, de impotencia por no ser capaz de darle un hijo. No podía continuar así, no podía seguir con los cambios de humor, incluso rechazaba tener relaciones sexuales con él por mis inseguridades. Necesitaba ser de nuevo la que era.

Ezequiel sintió todo mi dolor en ese instante. Ojalá no le hubiese ocultado lo mal que lo había pasado. Cuando lo compartí con él me sentí liberada.

Fue mi tía Sara ese mismo día la que con toda naturalidad nos planteó una opción que no se nos había ocurrido: la gestación subrogada. En ese instante se nos iluminó el rostro. Si el test era negativo esta vez, pondríamos un punto y aparte.

El diecisiete de octubre por la mañana los análisis confirmaron que no estaba embaraza. Ambos nos miramos, nos abrazamos y nos fuimos a comer a un restaurante. Después, empezamos a realizar llamadas y, con mucha ilusión, iniciamos un nuevo camino.

> **Consejo**
> Recuerda que antes de conseguir un objetivo las lágrimas, las decepciones y las caídas te van a hacer más difícil ver el final del camino. Llora, ilusiónate, finge, ríe, decepciónate, cáete y ponte de pie, pero nunca te rindas. Rendirse es perder.

CAPÍTULO 7

No puedo, pero aún quiero

Uno por uno llamamos a todos nuestros familiares y amigos, y expresaron su alegría al saber que seguíamos queriendo formar una familia. Y llamamos también a nuestras personas de confianza, Antonio y María José, para que nos ayudaran en todo el proceso.

Al día siguiente me propuse volver a ser yo. Me apunté al gimnasio y comencé a comer sano y a cuidarme físicamente. Iba a conseguir mi meta, sentirme bien conmigo misma y empezar motivada ese nuevo camino.

El primer paso era elegir el país más adecuado, donde todo fuera legal y no hubiera ningún problema burocrático. Elegimos Estados Unidos, concretamente California. Seguidamente contactamos con una agencia para que nos proporcionaran algunas mujeres dispuestas a gestar a nuestro bebé.

Las horas se convertían en días y los minutos en horas, siempre mirando el móvil, siempre sobresaltada cuando sonaba el teléfono, para ver si llegaban las fotos de las gestantes.

Entre tanto, seguíamos con nuestra rutina diaria: trabajo, gimnasio, cenas románticas y noches de pasión y sexo desenfrenado. Cambié de *look* y, poco a poco, volvimos a ser los que éramos y que habíamos dejado de ser por culpa de mi obsesión.

El esperado *mail* llegó, y nada más abrirlo y ver las fotos de las mujeres, mi marido y yo señalamos a la misma sin ni siquiera mirar su documentación. Fue un sexto sentido el que nos empujó. Al leer la ficha donde explicaba detalladamente su vida y su historial médico, confirmamos que sería ella. También la familia coincidió en que era la mejor opción.

Comunicamos nuestra decisión al despacho Forumlex que nos llevaba todo el procedimiento y este a la agencia, y a partir de ahí iniciamos un proceso con la gestante. Debía acudir al médico para realizarse unas pruebas y corroborar que estaba en perfecto estado de salud para quedarse embarazada. El plazo era de unos quince días, pero fue una espera larguísima —peor que un parto como dicen—. Queríamos tenerlo todo bien atado ya. Tantas eran las ganas que un día nos fuimos de tiendas y nos volvimos locos comprando ropa para el bebé sin tener si quiera noticias de la gestante.

Finalmente el despacho de abogados nos comunicó que la agencia les había informado de que estaba en perfectas condiciones. ¡Qué ilusión! Lo siguiente era contratar abogados en Estados Unidos y seguir todos los pasos que se requieren para que sea completamente legal.

La misma clínica que trató a la mujer sería la encargada de extraer mis óvulos después de reiniciar una vez más los pinchazos. Teníamos la opción de hacer un PGD, que no es otra cosa que un diagnóstico genético preimplantacional para buscar posibles alteraciones genéticas y cromosómicas en los embriones antes de ser implantados. Por esa prueba supimos también que de los veintidós óvulos que me habían extraído, había dos niñas y tres niños. No podíamos ser más felices. En un par de semanas, la americana procedería a la transferencia de embriones, un niño y una niña que habíamos decidido.

Nos dieron la opción de hablar con la gestante, pero yo no estaba preparada, en ese momento tan solo pensaba en mis hijos y en que todo saliera bien, aunque eso cambió cuando nos dijeron que el niño y la niña que habíamos decidido transferirle ya se encontraban en su útero.

Quería saber cómo se encontraba, si estaba bien, si necesitaba algo... Sus respuestas siempre nos tranquilizaban y así fue cómo comenzamos a entablar relación vía *mail* y cómo nos enteramos a los pocos días que debía acudir al hospital porque estaba sangrando. ¡Otra vez no! De nuevo volví a sentir desesperación y pánico.

Las noticias que nos llegaron eran esperanzadoras. Ezequiel y yo necesitábamos mantener la mente ocupada el máximo tiempo posible, porque el nerviosismo aumentaba según iban pasando los días.

Por fin, un día, cuando los dos regresábamos a casa en coche, recibí en el móvil un mensaje de la americana con una foto: era un test de embarazo positivo. Jamás en la vida había sentido algo así, me comenzó a temblar todo el cuerpo, no podía articular palabra, ¡estaba embarazada! Sin dejar de reír, le pasé el teléfono a mi marido para que descubriera de la misma forma que yo las buenas noticias.

Salimos los dos del coche, subimos a casa callados y, nada más cerrar la puerta tras nosotros, nos pusimos a chillar, a llorar y a saltar de alegría.

Después de comunicarlo a la familia y a unos pocos amigos, teníamos que esperar quince eternos días más para saber si venía un bebé o dos. Mi marido y yo coincidíamos en que sería mejor tener solo uno y con el tiempo ya veríamos. Y parece que la suerte nos acompañaba, porque solo había uno. Ahora había que librar una batalla por separado: él quería un niño y yo, una niña. La victoria fue mía, Shaila venía de camino. Ese mismo día salimos a comprar ropa, todo rosa, para nuestra pequeña princesa.

La americana me enviaba todas y cada una de las ecografías que se iba haciendo en cada revisión. Yo quería saber si todo seguía bien y si ella tenía antojos o algún otro síntoma, y los *mail* empezaron a ser diarios.

A los pocos meses me dijo que tenía ganas de conocerme, pero tampoco estaba preparada esta vez. No deseaba tener contacto físico con ella ni verla embarazada, saber que mi hija estaba dentro de ella y no de mí me produciría gran pesar. Pero le dije que sí.

Teníamos muy claro que viajaríamos a Utah un mes antes de que Shaila viniera al mundo, bajo ningún concepto íbamos a consentir que nuestro tesoro naciera sin estar nosotros allí. Mi madre, sin embargo, insistía en que nos fuésemos antes porque el parto se podía adelantar, así que finalmente decidimos hacer el viaje el uno de octubre. Pero solo yo, Ezequiel no podía acompañarme por su trabajo. Él llegaría después del nacimiento de nuestra hija —su presencia era imprescindible para obtener el permiso para sacarla del país—, por lo que mi madre fue la que me acompañó.

Después de unos primeros días aburridos en el piso que habíamos alquilado, llegó la hora de conocer a la gestante. El día diez era el cumpleaños de Ezequiel y qué mejor regalo que una ecografía 4D de su pequeña. Le acompañaría al médico para hacerse la prueba.

Cuando el taxi nos dejó donde habíamos quedado, la maravillosa mujer que estaba cuidando de mi hija, me recibió con un gran abrazo. Lo primero que necesitaba era mostrarle mi agradecimiento y acariciar la tripa donde estaba mi niña.

Mis temores y recelos desaparecieron cuando empezamos a hablar. Las anécdotas que me había contado por correo nos volvieron a hacer reír. Parece ser que a mi hija le encantaban los helados, y la americana se comió tres seguidos sin apenas parpadear. Quizás fuese por el frío, pero Shaila no quería mostrar su cara ese día en la ecografía, así que Ezequiel se quedó sin regalo.

Hicimos planes para volver a vernos y seguir charlando, pero solo cuarenta y ocho horas después recibí una llamada diciendo que fuéramos al hospital, que tenía contracciones. Mi madre y yo salimos a la carrera mientras llamaba a Ezequiel para pedirle que cogiera el primer avión.

Tumbada en la cama y más blanca que la nieve nos la encontramos. Empezó a reírse cuando nos vio aparecer cargadas de bolsas con toda la ropa del bebé y sus cremas. Parecía que nos íbamos de vacaciones en vez de a un parto.

Por fin, a las nueve de la noche estaba todo a punto. Necesité salir un momento de la habitación para llorar a solas después de que mi madre me dijera que mi deseo estaba a punto de cumplirse. Una vez dentro del paritorio los nervios no me dejaban mirar, pero bastó su primer llanto para que rápidamente acudiera en su busca. Fui la primera en sentirla en mi pecho.

—¡Mi bebé, mi tesoro, mi vida, ya te tengo! —le susurré al oído.

La primera foto la recibió Ezequiel antes de que aterrizara el avión en Estados Unidos, y el encuentro entre padre e hija no se hizo esperar.

—Por fin somos una familia —dije mientras les miraba.

> **Consejo**
> El positivismo es lo que debe primar siempre en tus decisiones. Enfrenta tu futuro con esperanza y confianza, y con la creencia sincera de que las zancadillas de la vida vas a poder saltarlas.

Espero que mi historia te sirva para conseguir aquello que deseas y te des cuenta de que a pesar de las dificultades, es posible que todo tenga un maravilloso final.

CAPÍTULO 8

Los brazos arriba

Para atrás, ni para coger impulso. ¿Cuántas veces has escuchado esta expresión? Seguro que un montón —yo te la llevo repitiendo todo el libro—, pero ¿cuántas les haces caso? Ya te lo digo yo: no muchas.

Una cosa es que esa frase te motive y otra muy distinta que provoque en ti un cambio de actitud —ojalá fuera así, pero insisto, no lo es—. Por eso, yo misma me apliqué una nueva que me provocara motivación y a la vez implicación: si miro atrás me rindo, si miro hacia delante no paro.

En los capítulos anteriores te he hablado de mi experiencia de ser madre. Muy bonita y dura a la vez.

> **Consejo**
> Pon lo bueno por delante y después lo «malo».

Si recuerdas, el final es maravilloso, pese a las dificultades que hubo.

> **Consejo**
> Recuerda los momentos malos con orgullo y no con dolor.

Esta vez quiero compartir otra vivencia distinta, pero que va muy unida a mi lucha por ser madre. Antes de comenzar a relatar esta preciosa historia, te adelanto que dejé de escribir este libro durante un tiempo hasta conocer el final. Ahora entenderás a qué me refiero.

Cuando tuve a mi hija entre mis brazos, aquella pesadilla vivida pasó a ser un lindo recuerdo. En el hospital solo la miraba y recordaba cada momento de lucha por ella.

Una vez en España comenzó una nueva vida, esa que tanto deseaba tener. Ya había conseguido formar mi propia familia y estaba dispuesta a exprimir la felicidad al máximo.

La rutina varió por completo, pero estaba encantada. Ya no tenía el mismo tiempo libre para ir con mis amigas a cenar o con mi marido a bailar, pero en realidad me daba igual. En el trabajo ya no solo estaba concentrada en hacerlo bien; mi pensamiento lo ocupaba ella e intentaba sacar dos minutos para llamar a mi madre y saber cómo estaba mi pequeña, cómo había ido la cena o si le había gustado el baño... Todo giraba a su alrededor. Ya no dormía una noche entera, y algunas me las pasaba completamente despierta calmando sus lloros. Pero aun así, estaba encantada. Fácil no era, pero como dice el dicho, sarna con gusto no pica.

Su primer año lo celebramos por todo lo alto y con todos nuestros seres queridos, pero mi marido y yo entramos en otra «disputa». Motivo: tener otro bebé. Él no quería bajo ningún concepto; ama a los niños, pero, según sus propias palabras y entre risas, «íbamos a terminar destrozados y consumidos». Supongo que era pronto para pedirle de nuevo que volviéramos a pasar por lo mismo cuando ni siquiera habíamos terminado la primera etapa.

Yo, sin embargo, sí quería otro hijo, pero el motivo era exclusivamente mi niña, para darle un hermano —yo soy hija única y sé lo que es—. Veía a mis sobrinas, Aitana y Claudia,

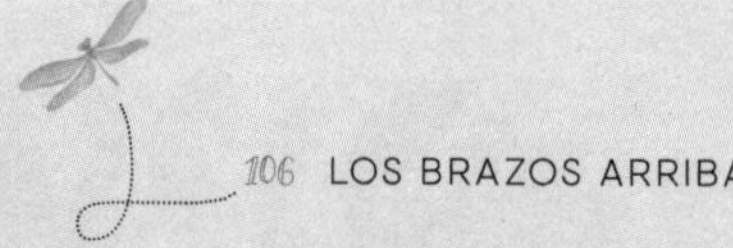

de siete y ocho años, cómo jugaban, cómo se entretenían juntas y, lo más importante, cómo se amaban y protegían, y sabía que no podía ser tan egoísta.

Cuando pensaba en todo el proceso que tenía que volver a pasar es cierto que la pereza me invadía, pero mirarla a ella era suficiente para mantener el pensamiento positivo.

Nosotros teníamos aún seis embriones en la clínica de Estados Unidos. Hablé con mi gestante y le propuse intentarlo de nuevo. Ella estaba encantadísima.

Quedamos de acuerdo en todo y se hizo la transferencia de dos bebés. Diez días después nos comunicó que no había sido posible, que no estaba embarazada. La anterior experiencia había salido bien a la primera, pero no era extraño que diera negativo en algún momento. Esperamos el tiempo oportuno y lo volvimos a intentar. El resultado fue el mismo: negativo.

Nuestras ganas no desaparecieron y estábamos dispuestos a seguir intentándolo, pero la otra parte ya no. La americana cogió miedo a no poder quedarse embarazada de forma natural, su intención era tener más hijos biológicos y al no haberse quedado embarazada estas dos veces, prefería no hacerlo más. Era totalmente comprensible y, por supuesto, la apoyé al cien por cien en su decisión. Sé lo importante que es querer sentir un embarazo y dar vida a un niño. Siempre le estaré eternamente agradecida, me había dado lo más importante de mi vida, mi hija.

Según iban pasando los días, no dejaba de pensar en qué hacer: buscar una nueva mujer gestante dispuesta a ayudarnos o intentarlo yo de nuevo. Esa última opción ni siquiera se la planteé a mi marido, sabía a ciencia cierta cómo me respondería: un no tajante. Y sabía también que su negativa estaba unida al sufrimiento que yo había pasado durante tres largos años. Le tiraba indirectas, pero nunca caía en lo que se me estaba pasando por la cabeza. Sin embargo, yo sentía la misma ilusión que tuve tiempo atrás. Me imaginaba con tripa, exactamente lo mismo que al principio de mi aventura por querer ser madre.

En secreto, y sin decir nada a Ezequiel, hablé con la clínica para ver qué proceso podría seguir. Tuve dos reuniones con el doctor y él me dio unas directrices. En mi balanza emocional ganaba la ilusión y la motivación al miedo. La decisión estaba tomada: tocaba hablar seriamente con mi marido.

Reaccionó tal y como pensaba. Me pidió, por favor, que no lo hiciera. No quería sentir de nuevo mi dolor, mi sufrimiento. Le convencí de corazón de que estaba preparada psicológicamente, pero que su apoyo era fundamental para mí. Entre lágrimas y sé que a su pesar me dijo que sí. Su ayuda y su protección siempre las he sentido. Esta vez no iba a ser menos. La única petición que le hice fue que nadie supiera nada, ni siquiera la familia, solo lo debían saber, y quería que así fuese, dos íntimos amigos que a la vez ejercían de abogados, Antonio y María José. Ellos nos ayudaron a que Shaila viniera al mundo realizando todo los temas burocráticos.

Me cargué de energía y hablé con el médico de la clínica. Su positividad me hizo feliz. Él tenía todo mi historial

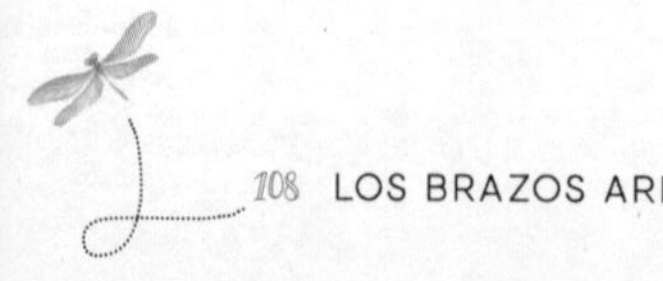

médico —sabía lo de mi hidrosálpinx—, pero necesitaba saber por qué nunca se habían implantado los embriones. Precisaba conocer la respuesta antes de llegar a la conclusión. Y yo necesitaba que me diese alternativas a la solución. Lo único que no quería era convertirlo una vez más en una obsesión.

La primera opción era mirar la matriz. Si aquí radicaba la dificultad, sería prácticamente imposible quedarme embarazada. La operación iba a ser complicada y bastante delicada, así que no estaba dispuesta a poner en riesgo mi vida o a pasarlo muy mal en la recuperación. Debía pensar en Ezequiel y en mi hija. La otra opción era menos precisa, pero le podría ayudar. Era realizar una intervención para ver el estado del útero. Acepté convencida sin pensarlo dos veces.

La operación la realicé en España. A toda mi familia, incluida mi madre, le dije que era otra simple revisión de las muchas que había pasado para confirmar que todo seguía bien. Se empeñó en acompañarme para que no fuera sola —mi marido no podía coger libre ese día por trabajo—, pero temía que ella se enterase de la verdad. Cuando abrí los ojos ahí estaban los dos, sentados en un sillón, mi marido había pedido el día libre para estar a mi lado.

La recuperación fue un poco delicada. La doctora que me operó me dijo que cuando vio el útero por dentro había visto que se había formado un tabique y lo quiso eliminar. El resultado lo envié a Estados Unidos y el doctor me dio el visto bueno. Me informó de que todo estaba aparentemente bien

y de que empezaríamos con la medicación justo después de la siguiente menstruación.

Cuando empecé a tomarme las pastillas me entró un cosquilleo por el cuerpo terrible, eran mis peores enemigas, pero esta vez las miré, me miré al espejo y les dije:

—Esta vez os gano yo.

Semanas antes de viajar a Estados Unidos me entró la duda de encontrarme sola en el país. La medicación era fuerte y siempre me provocaba mucho malestar. Debía ir acompañada y no dudé en pedírselo a mi mejor amiga, María. Tenía claro que su reacción iba a ser la misma que la de Ezequiel cuando se lo dijera, y no esperaba que se pusiera ni feliz ni efusiva. Y así fue. Pero también sabía que iba a contar con ella a pesar de su pánico a mi dolor.

Besos a todo el mundo, y el abrazo más sentido para mi hija. Era la primera vez que me separaba de ella tanto tiempo, pero todo tenía una razón, su felicidad. A mi familia le dije que debía hacer unas gestiones notariales en ese país y se lo creyeron. Menos mal, no tenía ganas de dar explicaciones a nadie.

Felices, motivadas y dispuestas a vivir la mejor de las aventuras, aterrizamos en California. Al día siguiente teníamos la primera cita con el doctor. Todo iba genial, seguían los planes, nos esperaban diez días fabulosos, llenos de alegría... o eso creíamos.

Al despertar el segundo día recibí la peor de las noticias que me podían dar. Una de las dos personas que sabían el verdadero motivo del viaje, esa que desde hacía once años

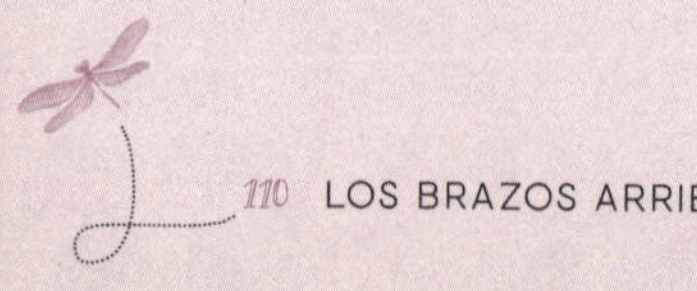

había estado a mi lado, había fallecido. Antonio se marchó para no volver.

El mundo se me vino encima, quedé completamente en *shock*, no daba crédito a lo sucedido. Solo sabía llorar, llorar y llorar. Me abracé a María y mi primer impulso fue buscar un vuelo para ir a despedirle. La tristeza me invadió, la ilusión la acababa de perder por completo. Estaba desolada. Sabía que mi marido estaba abatido y su mujer y sus hijas completamente hundidas. Debía ir junto a ellos, no quería estar allí, el viaje para mí había terminado.

Fue María la que me persuadió para continuar. Antonio hubiese querido que terminara lo que había venido a hacer. Tan solo unos días antes le había dado un beso de despedida por mi viaje sin saber que sería el último.

Coincidió también con el pensamiento de Ezequiel y con el de las hijas, la mujer y la cuñada de Antonio. Entre todos me convencieron para seguir. Debía sacar fuerzas de mi flaqueza, como me dijo mi amiga. Se lo debía a él, y sabía que iba a estar a mi lado para que lo consiguiera.

Parte fundamental del tratamiento era mantener la positividad y la alegría, pero la tristeza era lo único que formaba parte de mí. Fue María una vez más la que consiguió darme la fuerza y el consuelo que necesitaba.

Tumbada en la cama del quirófano, cuando el doctor se dispuso a transferirme los embriones, pensé en Antonio y las lágrimas esta vez fueron de esperanza.

Al día siguiente de regreso en España visité a la familia de mi amigo. Estaban destrozados, y aun así me prestaron su cariño y me dijeron la ilusión que tenía Antonio para que consiguiera mi propósito. Fui incapaz de ir al cementerio. Sigo sin poder ir. Quizás aún no esté preparada para despedirme de él del todo.

Dicen que cuando algo va mal, todos los males aparecen de golpe, y quien lo inventara tenía razón. Dos días después entraron a robarme en un local de mi empresa, al día siguiente mi abuela ingresó en el hospital, mi marido recibió un golpe jugando al fútbol que le provocó una conmoción cerebral y, por si fuera poco, María, la amiga que estuvo conmigo en el viaje, me comunicó que a su padre le daban quince días de vida. Una maldita enfermedad llamada cáncer se llevaría a un maravilloso hombre, un luchador que se preocupó siempre por los demás. Rafa, un grande donde los haya.

Todo fue un cóctel de malas sensaciones, agobio y malestar. No era posible llevar a buen puerto mi embarazo después de todas estas noticias, y el día anterior a la analítica empecé a tener dolores premenstruales. No quería hacerme los análisis porque temía el resultado, pero el doctor insistió en que había que realizarlos por simple protocolo.

Sé que Antonio seguía a mi lado y por eso el resultado fue positivo. ¡Estaba embarazada! Era un milagro. Esa idea jamás se me ha ido de la cabeza. Fue mi amigo el que lo consiguió. Desde ese día creo en los ángeles y en los milagros.

Había alcanzado mi sueño, la lucha de muchos años mereció la pena.

✤ ✤ ✤

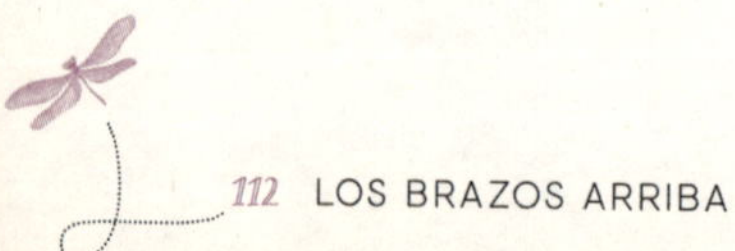

Después de lo que te acabo de contar, entenderás el motivo de por qué tuve que dejar de escribir el libro durante una temporada.

> **Consejo**
> Nunca olvides la motivación y lucha por lo que deseas.

Espero que lo que yo viví te sirva para alentarte a conseguir tus metas. Recuerda que nunca es tarde y que debes sacar fuerza ante cualquier tipo de pérdida. Como bien dije al principio, mirar hacia atrás significa rendirse. No te detengas en pensamientos negativos porque harán que dudes de lo que podrías alcanzar.

Los brazos siempre tienen que estar arriba y tan solo puedes bajarlos para aplaudirte.

CAPÍTULO 9

El reloj está en tu mano

Uno de los momentos más placenteros del día es meterse en la cama y cerrar los ojos para descansar y desconectar. Bueno, debería precisar esto último: a veces la mente desconecta de los sucesos del día, pero da paso a otra actividad: los sueños.

En ocasiones nos despertamos y no podemos movernos debido a la pesadilla que acabamos de tener. Parece tan auténtica que tardamos un tiempo en regresar al mundo real. En ese caso nos encanta comprobar que es mentira todo lo que creíamos haber vivido. Pero en otras, daríamos lo que fuera para que el sueño fuese verdad.

No sabemos el significado de los sueños, desconocemos si soñar con la muerte de alguien le alarga la vida, pero necesitamos interpretarlos para sentir tranquilidad y sosiego. Por eso, yo he sacado mis propias conclusiones y me guío por la intuición para poder sentirme mejor:

* Cuando en mis sueños aparece alguien con el que he discutido, intento arreglar la situación lo más rápidamente posible porque sé que si no me producirá intranquilidad durante mucho tiempo.
* Cuando en mis sueños viajo a un lugar donde nunca he estado, procuro que mis próximas vacaciones sean a un sitio parecido.

* Cuando en mis sueños soy capaz de volar y veo el mundo desde otra perspectiva, desconecto de las cosas que me agobian y procuro alejarme de ellas.

Pero no siempre los sueños surgen mientras dormimos, la mayoría de las veces se presentan estando conscientes. Nos abstraemos de tal forma que nos imaginamos viviendo vidas paralelas a nuestra realidad.

> **Consejo**
> Soñar despierto no solo te anima e incita a la creatividad, también hace que te sobrepongas a las crisis.

Es decir, somos conscientes de lo que imaginamos y elegimos a propósito esos pensamientos. Te pongo algunos ejemplos de sueños que pueden ser de alguna forma parecidos a los tuyos:

Tu sueño: cantante

* Te quedas absorta, embobada, mirando en televisión a ese cantante que tanto te gusta. Querrías demostrar al mundo lo bien que sabes cantar, y te imaginas en un escenario, con un traje maravilloso, dándolo todo.
* En los cumpleaños de tus amigos eres la voz de la fiesta, te encanta hacerles disfrutar con tu arte y lo más satisfactorio, comprobar que les divierte.

Tu sueño: liderar

* Tu jefe hace una propuesta en una reunión con la que no estás de acuerdo y lo hace, además, de

muy malos modos. Te quedas absorta, embobada, pensando en cómo lo harías tú. Te ves en su puesto, dirigiendo al equipo y haciéndolo de otra manera. La rabia se apodera de ti cuando en vez de una palmadita en la espalda te llevas una bronca.

* Mientras un amigo, hijo o hermano intenta hacer un trabajo, piensas en cómo lo organizarías tú y en las directrices que les darías.

Tu sueño: las artes

* Al mirar revistas de decoración, te quedas absorta, embobada, pensando en cómo diseñarías tú las casas para que tus clientes las disfrutaran. Incluso diseñas la tuya propia y se la muestras a tu pareja con la intención de que si algún día os lo pudierais permitir económicamente, lo hicierais.
* Eres una apasionada y entendida en cine. Cuando acudes a un estreno, te fijas en el más mínimo detalle. Sientes curiosidad por cómo se preparan para rodar. Te quedas absorta, embobada, imaginándote dentro de la pantalla, percibiendo el cariño del público y las felicitaciones de la gente.

Tu sueño: profesional de la belleza

* Siempre que acudes a la peluquería admiras el trabajo de las peluqueras por el gran arte que tienen a la hora de realizar un peinado y la facilidad

con que se las ve dejando guapas a las demás. En varias ocasiones te pones frente al espejo e intentas sacarte el mayor partido y crear nuevos recogidos. Siempre que alguien cercano a ti tiene un evento, eres tú la encargada de hacer que vaya perfecto.

* Ves tutoriales de maquillaje para aprender cada día una técnica nueva e imaginas que eres una de las mejores profesionales en el mundo, con tu propio salón y tus clientes satisfechos.

Tu sueño: el bienestar de la gente

* Cuando lees en los periódicos casos espeluznantes de asesinatos, te quedas absorta, embobada, pensando en detener al culpable.
* Te encanta leer sobre leyes y te enerva la injusticia. Te imaginas condenando a los culpables de delitos y defendiendo a los inocentes ante un jurado.

Podría escribir cientos de capítulos tan solo con ejemplos de la importancia de tener la mente distraída, y lo mismo que hago con los sueños nocturnos, si no dejo de imaginarme algo constantemente, saco conclusiones y me dejo guiar por mi intuición porque, sin duda, es algo que deseo hacer.

Lo primero que hago es diferenciar el tipo de sueños y dividirlos en dos:

Los sueños perseguidos

Son aquellos que podemos ser, que queremos tener y podemos evitar. Da lo mismo que quieras ser cantante, jefa de una empresa, diseñadora, peluquera, maquilladora, abogada o actriz. No importa la profesión, solo la pasión que pongas para conseguir llegar donde te has propuesto.

Los sueños imposibles

Aquellos que queremos ser, que ansiamos tener o no podemos evitar.

Ser un animal marino y vivir dentro del océano es completamente inviable. También es inalcanzable crecer más de lo que lo hemos hecho o evitar la enfermedad y la muerte de un ser querido. Tampoco van a dejar de existir los niños desamparados, las guerras y la pobreza tan solo con tu deseo. Si alguna vez desaparecen será por otras circunstancias.

Los sueños imposibles producen rabia, melancolía e impotencia, sentimientos que conllevan negatividad y desconsuelo. No puedes cambiar ciertas cosas, pero sí mitigarlas de alguna manera para sentir satisfacción y seguridad.

* No puedes ser un animal marino, pero sí ir al mar para escuchar su sonido, pisar la arena y mojarte los pies.
* No puedes ser más alta, pero sí utilizar ropa que te estilice y zapatos de tacón —los hombres pueden usar alzadores en su calzado—.

* No puedes evitar la enfermedad de una persona, pero sí acompañarle al médico, estar a su lado el mayor tiempo posible y provocarle una sonrisa.
* No puedes evitar la muerte de alguien, pero sí acompañar a sus seres queridos para que esos momentos sean más llevaderos y realizar aquello que a esa persona le gustaría que tú hicieras.
* No van a dejar de existir los niños desamparados, el hambre o las guerras, pero sí puedes prestar tu tiempo a una ONG o ayudar en comedores sociales u orfanatos.

Consejo
Dar tu tiempo para ayudar a otros menos afortunados que tú es la mejor manera de dar sentido a tu vida.

Tanto en los sueños imposibles como en los perseguidos lo primordial es alejar la negatividad de tu lado, porque si aparece mientras recorres el camino para conseguirlos estás perdida.

Te quiero contar mi experiencia sobre la lucha y la persecución de los sueños.

Mi madre trabajaba de noche y yo me quedaba a dormir la mayoría de los días en casa de mis abuelos. Tenía ocho años.

Una vez a la semana, después de cenar, mi yaya —así he llamado a mi abuela siempre— ponía un programa de

entrevistas —eso lo supe después, para mí solo eran unas personas haciendo preguntas a otra—. Me llamaba mucho la atención varias cosas, como que cada uno de los allí presentes decían que tenían informaciones para dar, que habían pasado mucho tiempo buscando, «investigando», cierta cosa para decir ese día. No entendía qué querían decir —le pedía a la yaya que me lo explicara, pero tardaba en contestar, porque no quitaba los ojos de la tele—, pero, aun así, estaba deseando que llegara el día para verlo. Tenía curiosidad en saber a quién entrevistarían y qué es lo que los entrevistadores habían preparado. Me gustaba tanto, que mis enfados cada vez que me mandaban a la cama eran mayores.

A este programa se le sumó otro que me volvía loca —bueno, más bien a mi yaya, luego me lo contagió a mí—. Era uno de baile. Competían personajes públicos y la finalidad era decidir quién lo hacía mejor. Bailar se convirtió entonces en una nueva obsesión. Me pasaba el día haciendo coreografías, apartando la mesa del salón y mostrándoselas a toda la familia. Cada baile iba acompañado de la indumentaria adecuada —vestidos, collares, tacones... Todo prestado de mi madre y mi tía Sara— y de la grabación en vídeo.

También recuerdo los concursos de misses. Chicas desfilando para competir por ser la más guapa de España. Mi abuela y yo éramos un jurado más duro que el de la tele, y defendíamos con fuerza a nuestra candidata favorita.

Posiblemente estos tres programas fueron los que decidieron mi futuro sin yo saberlo.

Aunque al principio quería ser «investigadora» —es decir, periodista—, también el baile, de alguna forma lo relacionado con la belleza y el mundo de la televisión serían los que pondrían la base de mi mañana profesional.

Con lo de la belleza empecé pronto. Me entusiasmaba la facilidad de mi tía para peinar y dejar preciosas a todas las que se ponían en sus manos. Así que siguiendo los consejos de mi madre, que siempre decía que estudiara algo que me hiciera sentir bien, me decanté por la peluquería. Tras dos años en una academia, salí a la calle a buscar trabajo.

Como es lógico empecé lavando cabezas, así que al poco tiempo me di cuenta de que si iba a ser así siempre, me había equivocado de profesión. Yo lo que deseaba era cortar y peinar, dar alas a mi creatividad. Temía que me hubiese equivocado de camino, pero aun así, debía continuar trabajando para lo que me había preparado.

Para ayudar económicamente a mi familia, trabajaba también en una discoteca los fines de semana. Y fue aquí precisamente donde mi futuro cambió de rumbo.

Conocí a una persona que se dedicaba a ofrecer a chicas la oportunidad de representar a su ciudad en el certamen de Miss España. Primero debía competir junto a otras muchas para ser la elegida en mi ciudad y si ganaba iría al gran certamen representando a Madrid.

Sinceramente no me veía en ese proyecto, pero recordé las noches que mi yaya y yo pasamos frente al televisor y pensé que sería estupendo dedicárselo a ella. Desde luego me apoyó desde el primer momento, también mi madre, a

pesar de su «miedo» por lo que ella creía el «mal ambiente» que había en ese mundo.

Mi abuela se puso sus mejores galas para verme ese día, y la ilusión de mi familia ni siquiera desapareció cuando fui eliminada. Para ellos era la más guapa no solo de España, sino también del Universo.

A pesar de la derrota, la misma persona que me ofreció la oportunidad de presentarme al concurso, me propuso ir a otro certamen. En esta ocasión era para representar a Segovia —yo no entendía ni sabía que se podía representar a diferentes ciudades—. Mis expectativas no eran muchas, y aunque lo dije en casa, no quise que esta vez me acompañaran para que no sufrieran otra decepción —sobre todo mi yaya—.

Nunca se perdonarán no haber estado a mi lado, porque ¡gané el concurso! Mi abuela no cabía por las calles del barrio anunciando que iría ese año a Miss España. A pesar de que la mentalizaba para la más que segura pérdida del certamen, no cesaba en el empeño de presumir de nieta.

Una vez allí, y a pesar de los nervios por el plató, las luces, las cámaras y el público, salí a hacerlo lo mejor posible. Para mi familia ya era la ganadora. A pesar de no vencer, me eligieron para representar a España en un certamen internacional en Las Vegas. Quedé entre las seis finalistas, así que, primer objetivo cumplido.

Tras aquello me llamaron para participar en un programa de televisión. No daba crédito, lo que tanto me cautivaba desde pequeña lo tenía al alcance y contaba con el apoyo

de toda mi familia. Tomé la decisión de aceptarlo y mi vida cambió una vez más.

Cuando quise darme cuenta llevaba cuatro años frente a la cámara. A pesar de mi empeño por aprender, por saber cómo funcionaba el mundo de la televisión, sabía que debía prepararme mejor para el trabajo que había elegido.

Empecé a leer libros de periodismo y a estudiar al lado de un gran profesional en el mundo de la comunicación. Mi objetivo era poder estar a la altura de los grandes periodistas.

Tiempo después me dieron la oportunidad de presentar un programa junto a otros dos rostros conocidos, nada más y nada menos que en Nochebuena y Nochevieja. Tres años seguidos que me hicieron inmensamente feliz. Había valido la pena prepararme para ello. Mis jefes me reconocieron mi profesionalidad y mi empeño.

También fue por entonces cuando decidí dar otro paso más. Contaba con un grupo de gente en las redes sociales maravillosa —mi familia virtual, como yo los llamo— que me empujaban a realizar todo aquello que quería. Escribir un libro pasó a ser entonces el objetivo. Consulté con mi familia como siempre y como siempre conté con su apoyo.

Me puse frente al ordenador y empecé a escribir pensamientos, sobre todo tenían que ver con la positividad, con la fuerza de la gente para conseguir sus metas, con los sueños cumplidos con el esfuerzo... Las ideas no tenían orden ni directrices, solo necesitaba transcribir lo que sentía.

Le comenté a Mariana, la persona que trabaja conmigo —se conoce como representante— lo que estaba haciendo y mi nuevo deseo: escribir un libro. Sin asegurarme nada se lo propuso a una editorial.

—Tamara, lo han aprobado. Tenemos una reunión la semana que viene.

Y aquí estoy, escribiendo este capítulo, terminando un libro que empecé gracias a un sueño.

Ya lo dice el dicho, el tren solo pasa una vez en la vida. En todos estos años he comprendido que soñar es gratis y elegir tu camino también lo es, el único precio que tendrás que pagar es el arrepentimiento si no lo intentas.

> **Consejo**
> No te rindas nunca. Supera el miedo, confía en ti, no te pongas excusas ni límites. Comprométete con tu sueño y no olvides que los errores que cometas no son una forma de fallar, sino una manera de aprender.

TERCERA PARTE

Ponlo en práctica

CAPÍTULO 10

Mis mimos, los mejores

Estarás de acuerdo conmigo en que los mimos que uno se da son los mejores del mundo. Eso no quiere decir que los del resto sean malos, solo que como tú te conoces no lo hace nadie. Sabes de tus gustos más secretos y de los momentos adecuados para disfrutarlos. Nadie mejor que tú acierta con tus preferencias.

También es verdad que antes de que se produzca ese conocimiento hemos de descubrir lo que realmente queremos, porque en ocasiones establecemos tal rutina en nuestro día a día que seguimos casi a rajatabla —el «casi» lo añado porque, algunas veces, como has visto en el capítulo de «Hoy elijo yo», nos desmelenamos. Y si no lo hacemos, deberíamos— que apenas tenemos posibilidades de revelar o de exteriorizar quiénes somos y qué nos hace sentir bien. Da igual la edad que tengamos, solo nos diferencian las distintas obligaciones.

Yo soy una de esas personas que indago hasta encontrar mi gusto y lo mantengo hasta que el bienestar que me produce desaparece. Te quiero revelar mis trucos para conseguirlo. Sé que te entusiasmarán algunos, otros te intrigarán y otros, directamente, los rechazarás.

Que nadie crea que estas confidencias son solo para mujeres. Es posible que les vengan mejor incluso a los hombres porque están menos acostumbrados a experimentarlos. Esa es siempre mi intención: compartir y aprender.

Cuando iba al instituto no tenía costumbre de hidratarme la piel. Mi madre me repetía constantemente que lo hiciera, pero, como buena adolescente, hacía lo que quería —un error grande, porque las madres siempre aconsejan lo mejor—. Como ni siquiera disponía de cremas, si algún día me ponía alguna era la de ella, y la misma que usaba para el cuerpo la utilizaba para la cara. Claro, que para nada perdía más de tres minutos en extenderla y muchas veces salía a la calle hasta con restos.

Pocos años después fui notando la piel cada vez más seca y tirante, a la vez que el acné hacía acto de presencia. Mi madre me llevó al médico y me recetó, además de un tratamiento para este problema, una buena crema de cara —y tuve que escuchar de mi mami eso que tanta rabia me daba: «Te lo dije»—. Desde ese momento comencé a cuidar la piel a diario. Usaba una crema por la mañana y otra por la noche.

Ahora tengo treinta años —toda una jovenzuela— y desde hace unos cuantos he notado que la piel no es la misma que la de los dieciocho. Para nada está mal, pero me he dado cuenta que los cuidados deben ser distintos, porque no es lo mismo una piel grasa que una seca. No se puede usar el mismo producto. Yo he descubierto algo muy bueno que te puede hacer sentir bien. Te cuento.

Lo primero que hago cuando me levanto es enjuagarme la boca con agua, esto lo que hace es eliminar las bacterias acumuladas durante las horas de sueño.

Una parte imprescindible de la rutina diaria y que no todo el mundo hace bien es lavarse los dientes. Yo lo aprendí no hace mucho, la verdad, porque mi mejor amiga, que trabaja en una clínica dental, me lo explicó. Siempre me los lavaba de un lado para otro, o sea, horizontalmente, porque creía que era la manera correcta. Estaba muy equivocada, han de lavarse con movimientos circulares por toda la boca, por la parte interior y exterior del diente, y durante unos tres minutos, o lo que dura más o menos una canción —así me oriento yo, no me hace falta reloj—. Lo que consigues de esta manera es que con el tiempo las encías no sufran. No olvides tampoco cepillar la lengua, elimina las bacterias y evita el mal aliento.

Lavarme la cara con agua muy fría no solo me ayuda a despertarme más rápido, también a bajar la hinchazón de los ojos. Luego me aplico las cremas: primero un tónico que dejo actuar tres minutos, seguidamente el sérum y pasados otros tres minutos, la crema adecuada para mi piel. Siempre extiendo los productos —excepto el tónico, para el que utilizo un disco de algodón— haciendo un pequeño masaje en círculos y nunca cerca de los ojos y boca.

Por la noche lo fundamental es limpiar la cara —las toallitas desmaquillantes son horribles, siempre dejan restos—. Yo uso una limpiadora en jabón, luego aclaro bien y hago los mismos pasos que por la mañana: tónico, sérum y crema. Hay que añadir, eso sí, un contorno de ojos.

Es cierto que las cremas buenas son caras, pero por experiencia te digo que es preferible gastarse un poquito más. Con las malas, además, tienes que utilizar bastante más cantidad —con las caras, con un garbanzo de crema es suficiente—, así que a la larga te sale igual, y tu cara y el resto de la piel lo agradecerán. Llamémoslo inversión para tu bienestar.

No es suficiente solo con ponerte las cremas en casa. Una vez al mes —y si puedes dos—, acude a un centro de estética donde te limpien la cara en profundidad y te realicen una hidratación intensa. No solo tu piel lo agradecerá, también te pondrá de buen humor. Se nota y mucho desde el primer día.

Para quienes sufrimos de retención de líquidos, celulitis o pesadez de piernas, los drenajes linfáticos son buenísimos, además de muy placenteros. El mejor momento para disfrutar de ellos es unos días antes de la menstruación.

Como es lógico, estos regalos te restan dos cosas: tiempo y dinero. Pero también te suman otras dos: bienestar y salud. No es necesario que te gastes mucho en sentirte bien, lo mismo que no es necesario ir a restaurantes de lujo para comer bien.

Desde luego que los centros de estética carísimos te dejarán estupenda, pero los económicos tampoco han de ser malos por el hecho de cobrarte más barato. Lo importante es que busques el que mejor se adapte a tu bolsillo y a tus posibilidades. Lo que no cabe ninguna duda, da igual el sitio o el momento, es que te sentirás mejor.

Recuerda los distintos pasos que has de seguir para la mañana y la noche:

Por la mañana

* Enjuágate la boca con agua.
* Lávate el rostro con agua fría.
* Aplica el tónico con un disco de algodón y déjalo actuar durante tres minutos.
* Aplica el sérum con un masaje circular y déjalo actuar durante tres minutos.
* Aplica la crema con un masaje circular y déjala actuar durante tres minutos.

Por la noche

* Desmaquíllate muy bien la cara con un jabón especial.
* Aplica el tónico con un disco de algodón y déjalo actuar durante tres minutos.
* Aplica el sérum con un masaje circular y déjalo reposar durante tres minutos.
* Aplica la crema con un masaje circular y déjala actuar durante tres minutos.
* Aplica el contorno de ojos con un pequeño masaje circular.

> **Consejo**
> Regalarte pequeños caprichos hace aumentar tu autoestima y te aleja de la rutina diaria.

«No puedo creer que no tengas...». Seguro que esto lo has oído en más de una ocasión y no tenías ni idea de que era un básico. Ahórrate la frase y consigue tu definitivo fondo de armario sin tener en cuenta las tendencias de cada año.

Hacer un fondo es muy personal y depende de la forma de vestir, del trabajo, desde luego de la edad y de las actividades de ocio. Yo te dejo el mío, que es el que me ha sacado de más de un apuro en momentos cruciales. En cualquier caso, creo que merece la pena invertir en ellos.

Pantalón pitillo vaquero de color oscuro

Tal vez no estés de acuerdo conmigo, pero los vaqueros claros dan aspecto de estilismo más casual mientras que los oscuros se pueden utilizar tanto con una camiseta básica y unas deportivas como con una camisa de brillos y un taconazo.

Americana negra

Una reunión de trabajo, una entrevista, la cena para conocer a tus suegros, de compras... Esta prenda te saca de cualquier apuro. La puedes combinar con casi todo y conseguir cambiar un *look* más urbano por otro más formal.

Camisa blanca

Siempre planchada para agarrarla en cuanto la necesites. Lo mismo que sucede con la americana negra, nunca pasa de moda si es la típica entallada de caballero, aunque es un clásico infalible en cualquier versión.

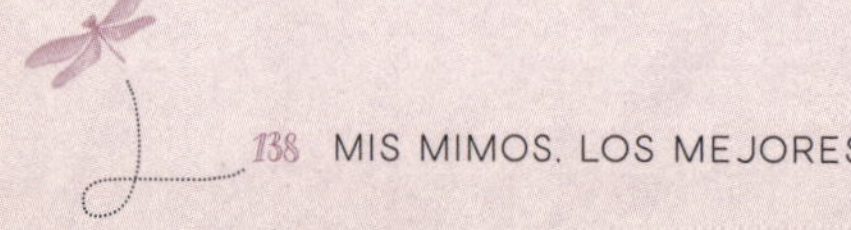

Vestido liso

El color da igual, la cuestión es que no tenga ningún estampado. Los complementos van a ser los que te faciliten usarlo en distintas ocasiones sin que parezca el mismo.

Fular

Da lo mismo del color que sea, aunque el negro y el crudo son más fáciles de combinar, pero en tu armario siempre ha de haber al menos uno. Esos colores los puedes conjuntar con todo lo que te pongas. Además, te protege la garganta en los días frescos de otoño y da un aspecto más chic a las camisetas de primavera.

Chándal original

La ropa deportiva está bien para el gimnasio, pero cuando lo utilizas para ir por la calle, lo mejor es que tengas un chándal original que no sea el típico de marca. Es una forma cómoda para viajar en coche o para bajar a comprar el pan.

Camiseta ancha

De manga larga o corta, de pico o de cuello redondo, cualquiera es perfecta para cuando necesitas disimular la hinchazón de abdomen.

Guantes, gorro y bufanda

No hace falta tener uno de cada color, con unos negros es suficiente. Para los días fríos de invierno o para ir a pasar la jornada en la nieve.

Medias negras y otras de color carne

Siempre nuevas, ya que la mayoría de las veces llegan rotas a casa o salen de casa rotas. No des tirones de ellas al ponértelas y súbelas con cuidado. Una carrera en la media es capaz de arruinarte el mejor estilismo. Te aconsejo llevar unas de repuesto, pero si no tienes en ese momento, el esmalte de uñas transparente es un buen remedio. Una sola gota de pintauñas y la carrera no se seguirá alargando.

Las negras son perfectas para la noche y las de color carne incluso para tapar los defectos de las piernas o para dar un color más bronceado a la piel a principio de la primavera.

Calcetines tobilleros

Para las zapatillas de deporte o los botines. No uses los calcetines largos con pantalón corto o falda, aunque ahora parece que está de moda, seguro que el año que viene ya no se lleva.

Zapatillas deportivas

Ya no solo para hacer ejercicio. Son cómodas y cambian el estilismo dependiendo del color y del modelo. Mejor con pantalones, pero las más atrevidas también se las ponen con falda.

Botas altas planas

Lo mejor es que sean de un color neutro. Las usarás con más frecuencia con faldas y con pitillos por dentro de ellas.

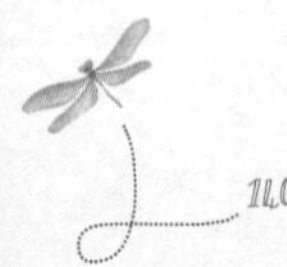

Chanclas

De repente llega el calor, un día de piscina o de playa y no sabes qué ponerte en los pies. Perfectas también para estar por casa en los meses de verano.

Zapatos negros de tacón

Para todo, de día y de noche. Los clásicos de salón nunca pasan de moda. Eso sí, que sean cómodos y de buena piel, porque los usarás más de lo que crees. Vas a ser capaz de crear un *look* sofisticado tan solo cambiando de calzado.

> **Consejo**
> La ropa atemporal de colores neutros es el mejor fondo de armario. Ve a la moda cambiando de complementos y nunca parecerá que llevas la misma prenda.

Toca ponerse guapa. Más que necesario es obligatorio hacer desaparecer ese inoportuno grano o esas ojeras profundas para que el estado de ánimo suba como la espuma. Ya sabes lo que el maquillaje puede hacer por ti. Solo necesitas voluntad y no refugiarte en la pereza. Si te sientes incómoda con tu aspecto o con la ropa que llevas puesta, créeme que los demás lo notarán.

Yo era una persona que si un día estaba triste, así lo mostraba al mundo. No pensaba que era necesario ocultar nada, pero un día decidí hacer lo contrario, enseñar la cara opuesta. Cuando estaba mal, me ponía una careta y era la mujer

más feliz del mundo. ¿Sabes qué gane? Olvidarme de lo mal que lo estaba pasando durante varias horas. Por narices me obligaba a estar bien y eso me ayudaba a pasar mejor el día. No es que mintiera, solo que no contaba a los cuatro vientos mis problemas y mi malestar.

Parte imprescindible para ello era tener un buen rostro. Aunque si el día anterior fue un caos y encima había dormido mal, lo que menos me apetecía era tenerme que maquillar. Si metía en una batidora mi estado de ánimo y mi mala cara, el cóctel que conseguía era bastante amargo. Así que algo tenía que hacer para que el resultado fuera distinto.

En mi rutina de belleza fui descartando algunas cosas según iba aprendiendo otras. Me di cuenta, por ejemplo, que no necesitaba estar media hora frente al espejo para verme más guapa.

Y después de lo aprendido, centrémonos en el día a día —esto también vale para los hombres, un simple antiojeras hace la mirada menos cansada— y en los pasos que debes seguir para sacarte el máximo partido. Solo necesitas un poco de práctica.

Recuerda que hidratarte es el primer paso en cualquier tipo de piel para que tu maquillaje sea natural. También es importante utilizar brochas siempre limpias y diferentes para cada parte de la cara.

Para que el maquillaje te dure más tiempo, aplícate unas ampollas flash —después de las hidratantes—; conseguirás, además, tener la tez más tersa. Otra opción es meter la cara

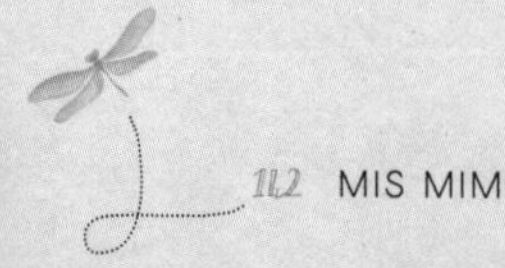

en el congelador durante unos segundos después de haberte maquillado. Es menos efectiva que las ampollas, pero te saca de un aprieto.

Imprescindibles

* **Antiojeras**

Aplícalo en primer lugar y difumínalo con una esponja especial para ello con pequeños toques y sin arrastrar —también lo puedes hacer con la yema de los dedos—. Su misión es corregir esas zonas marrones o violáceas que nos hacen parecer cansadas. Cubre bien el ojo con un color similar al de tu ojera y no mucho más claro, porque con ello lo único que consigues es potenciarla más.

* **Base de maquillaje**

Con una esponja diferente a la anterior aplica poca cantidad de una base parecida a tu color de piel para que se funda y ve añadiendo más poco a poco, de lo contrario te quedará la cara cuarteada como con «grietas».

Recuerda maquillar el cuello. Junto con el escote, son los eternos olvidados.

* **Polvos traslúcidos**

Este paso es importante para eliminar brillos, fijar el maquillaje y mantenerlo durante horas. Aplícalos con una borla y con pequeños toques por toda la cara para conseguir un acabado mate perfecto.

* **Colorete**

Da un aspecto más luminoso a la cara. Aplica un poco en cada mejilla con una brocha gorda. El truco de la técnica está en sonreír para que el pómulo suba y extenderlo hacia arriba.

* **Rímel**

El responsable de potenciar la mirada. Aplícalo en las pestañas superiores con cuidado de que no te queden «pegotes» desde la raíz a las puntas, y en las inferiores de un lado para otro.

* **Gloss labial**

Igual que el rímel cambia la mirada, el gloss resalta los labios y los hace más sensuales. Mejor que sea discreto para el día. Deja los colores llamativos para momentos especiales o para la noche.

Como ves, para estar perfecta solo necesitas seis productos. Pero además del kit que puedes llevar en cualquier bolso, te voy a dejar unos trucos para sacarte el mejor partido de lo que tú crees que son tus defectos.

Mis trucos

* **Agrandar los ojos**

Si te gusta el color negro, sigue usándolo, tan solo cambia de color la línea interior con un lápiz blanco. No des-

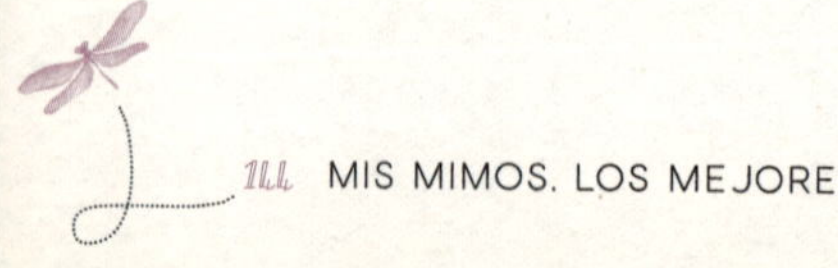

cuides tampoco las cejas, pues enmarcan también la mirada.

* Aumentar los labios

Para darles volumen, perfila un milímetro por encima de la línea natural del labio con un delineador. Utiliza colores claros, los oscuros consiguen el efecto contrario.

* Definir los pómulos

Márcalos con polvos bronceadores. Aplica un tono más oscuro que tu piel hacia arriba y siempre un centímetro por debajo de los pómulos. Para el día a día no los exageres y elimina si es necesario el exceso para que parezcan naturales.

* Tapar granos

El corrector de color verde es el encargado de tapar las rojeces, el acne o un simple arañazo. Pon un poquito en la zona y difumina con pequeños toques con una esponja

> **Consejo**
> Estar guapa no es ni complicado ni sacrificado. Solo necesitas motivación, la palabra clave de este libro. No te quepa la menor duda que tus mimos son los mejores.

CAPÍTULO 11

Nadie lo hará por ti

Estarás de acuerdo conmigo que tras una crítica siempre aparece una exigencia. Comprobado está que esa crítica, cuando proviene de uno mismo, hace mucho más daño y da bastante más que pensar. Somos, en muchos casos, nuestros peores enemigos, porque en ocasiones nos exigimos mucho más de lo que les pedimos a los otros. Nos castigamos sin ni siquiera pensar en poner una solución a los, muchas veces, ficticios problemas.

Ya he hablado y he puesto ejemplos de la importancia de la motivación para lograr las metas. Pero no confundas motivación con fuerza de voluntad. La primera te empuja a conseguir un objetivo para tu beneficio personal; la segunda te «obliga» a conseguirlo.

Ante cualquier reto, hay tres pasos esenciales que te llevan a la meta sin vacilar:

* Visualiza aquello que quieras conseguir.
* Motívate.
* Actúa como si ya lo hubieses conseguido.

Es importante autoconvencerte de que lo vas a lograr. Experimentar alegría y satisfacción cuando estás luchando por lo que deseas, es, sin duda, la actitud más eficaz para llevar a buen término tu objetivo. Tu autoestima es parte del éxito.

Si te quejas de los kilos y no piensas en la alimentación y el ejercicio como remedio, difícil te va a resultar perderlos. Necesitas en cualquier caso constancia. No creas que solo con el ejercicio vas a lograr bajar de peso. Solo supone un veinte por ciento del éxito final. El otro ochenta depende de una dieta saludable —hablaré de ello en el siguiente capítulo—.

Todas las mujeres nos solemos quejar de las mismas partes de nuestro cuerpo porque son las primeras en perder la forma según vamos cumpliendo años. Una son los glúteos y otra el abdomen. Tonificar los primeros y definir los segundos no es complicado si sigues una rutina de entrenamiento. ¿Necesitas ayuda para ello? Sin problema.

Aquí te dejo unos ejercicios que puedes realizar en casa. Te aseguro que son muy efectivos siempre y cuando los hagas bien y sigas cada indicación. Hazlos de uno en uno y en el orden que te indico y dedícales al menos tres días a la semana.

PARA REAFIRMAR LOS GLÚTEOS Y MEJORAR LA PARTE INFERIOR DEL CUERPO

Para que no sufras molestias mientras realizas las rutinas, ten siempre la espalda recta en todos los ejercicios.

Sentadillas

De pie y con las piernas abiertas a la anchura de los hombros, sujeta una botella de dos litros llena de agua con los brazos. Flexiona las rodillas y desciende lentamente sin que las rodillas sobrepasen la punta de los dedos.

Haz el ejercicio quince veces, descansa treinta segundos y repítelo tres veces más.

Consejo

Si contraes el estómago mientras bajas, trabajas a la vez el abdomen.

Sentadillas con salto

En la misma postura que en el ejercicio anterior, coloca las manos detrás de la nuca y da un pequeño salto. Baja sin que las rodillas sobrepasen la punta de los pies.

Haz quince saltos, descansa treinta segundos y repite el ejercicio tres veces más.

Consejo
No realices este ejercicio si tienes problemas de rodillas.

Elevaciones en una plataforma o steps

Pon la planta del pie derecho en una plataforma —como un banco bajo— o el peldaño de una escalera. Impulsa hacia arriba hasta que estés encima erguida, y luego hacia abajo hasta que pongas el otro pie en el suelo.

Haz el ejercicio doce veces con la pierna derecha y otras doce con la izquierda. Descansa treinta segundos y repítelo tres veces más.

Consejo
Utiliza distintas alturas de la plataforma según tu experiencia. Si eres principiante, con diez centímetros es suficiente. Si estás en buena forma, atrévete con una de treinta centímetros.

Patadas de glúteo

Pon las manos extendidas y las rodillas en el suelo como si quisieras andar a gatas. Haz fuerza con el abdomen y da una patada con la pierna derecha hasta que quede a la altura de la cadera y flexionada noventa grados mientras la izquierda sigue apoyada en el suelo.

> Haz el ejercicio quince veces con cada pierna, descansa treinta segundos y repítelo tres veces más.

Consejo

No arquees mucho la espalda hacia dentro para que no tengas molestias en la zona lumbar.

Levantamiento de pelvis o puente

Túmbate boca arriba y apoya la planta de los pies en el suelo. Coloca los brazos a los laterales del cuerpo, flexiona las rodillas y levanta la cadera haciendo fuerza con los glúteos. Aguanta seis segundos en cada elevación y deja la espalda en diagonal al suelo.

> Haz el ejercicio diez veces, descansa treinta segundos y repítelo tres veces más.

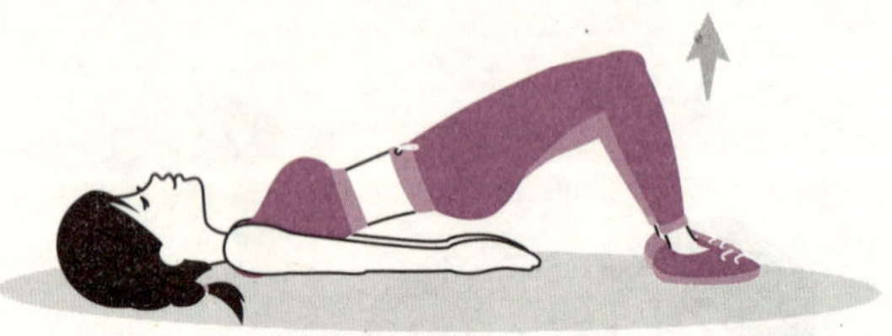

Consejo

Utiliza si es posible una colchoneta para no hacerte daño.

Patadas de pie

De pie y frente al respaldo de una silla, eleva la pierna derecha hacia atrás. Mantén la izquierda flexionada ligeramente y la espalda recta.

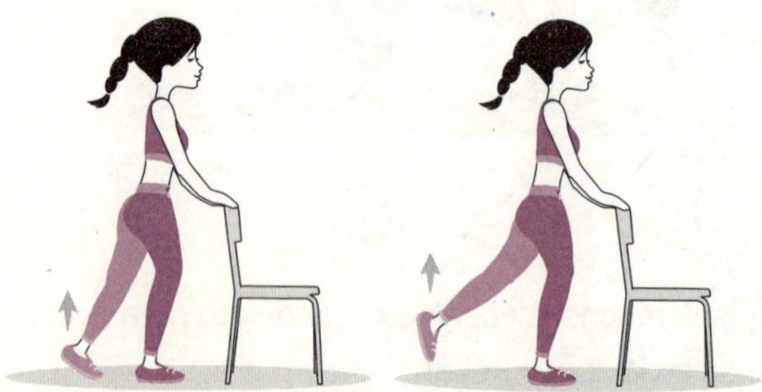

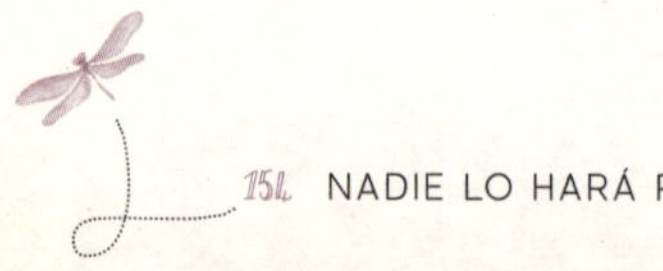

Haz el ejercicio quince veces con cada pierna, descansa treinta segundos y repítelo tres veces más.

Consejo
No solo es beneficioso para los glúteos, también para fortalecer las piernas.

Resistencia

De pie, estira los brazos y ponlos paralelos al suelo completamente rectos. Inclina el cuerpo un poco hacia delante y flexiona una rodilla levantando la contraria. Aguanta en esta posición veinte segundos con cada pierna y aprieta los glúteos.

Haz el ejercicio primero con una pierna y luego con la otra, descansa treinta segundos y repítelo tres veces más.

Consejo

Haz la rutina delante de un espejo para controlar mejor la posición.

Una vez finalizada la rutina de entrenamiento, sal a caminar. Hazlo a paso rápido durante media hora como mínimo y si te es posible durante una hora. Si no tienes tiempo a primera hora de la mañana, realiza las compras, ve al trabajo o lleva a los niños al cole andando. Deja el coche para trayectos largos.

PARA UN VIENTRE PLANO

Estos ejercicios, como los anteriores, has de realizarlos uno tras otro y en el orden que te indico. Lo recomendable es que les dediques tres días a la semana como mínimo. La colchoneta, en todos los casos, es necesaria y la respiración correcta fundamental. Coge aire cuando estén en posición de reposo y vete expulsándolo poco a poco según elevas el torso.

Crunches

Túmbate boca arriba, flexiona las piernas y apoya las plantas de los pies en el suelo. Con la espalda completamente recta, coloca las manos en la nuca y elévate haciendo fuerza con el abdomen.

Haz el ejercicio veinte veces, descansa treinta segundos y repítelo tres veces más.

Consejo

Para evitar lesiones y dolor, haz el levantamiento con los músculos del abdomen y no con el cuello.

Crunches cruzados

Túmbate boca arriba, apoya las plantas de los pies en el suelo y flexiona las piernas. Con la espalda completamente recta, pon las manos detrás de la nuca y eleva con la fuerza en el abdomen, girando el brazo derecho hacia la pierna izquierda y viceversa.

Haz el ejercicio treinta veces (quince con cada brazo), descansa treinta segundos y repítelo tres veces más.

Consejo

No levantes los pies del suelo en la ejecución del ejercicio.

Crunches con brazos extendidos

Túmbate boca arriba, apoya las plantas de los pies en el suelo y flexiona las piernas. Estira los brazos detrás de la cabeza, agarra las manos y haz elevaciones haciendo fuerza con el abdomen.

Haz el ejercicio veinte veces, descansa treinta segundos y repítelo tres veces más.

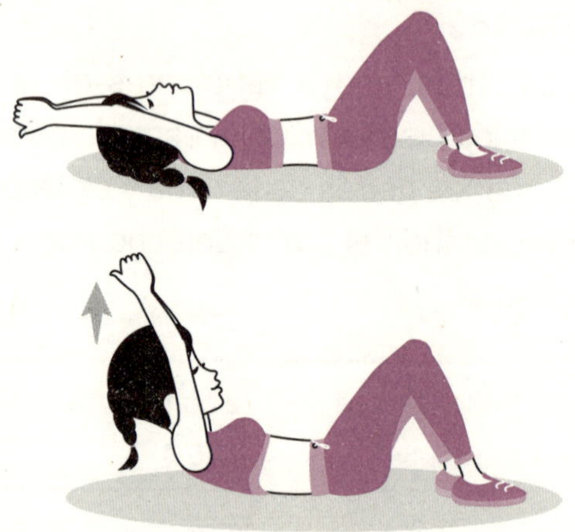

Consejo

Si no quieres agarrarte las manos, mantenlas abiertas con las palmas hacia arriba.

Crunches de bicicleta

Túmbate boca arriba, extiende las piernas y levanta un poco los pies del suelo. Coloca las manos detrás de la nuca y dobla la rodilla izquierda al mismo tiempo que giras el cuerpo para intentar tocar el codo derecho.

Haz el ejercicio treinta veces (quince con cada brazo), descansa treinta segundos y repítelo tres veces más.

Consejo

Puedes colocar también las manos a los lados de la cabeza para evitar hacer fuerza con la nuca.

Crunches de rodilla

Túmbate boca arriba y estira las piernas y los brazos. Cruza los pies uno encima de otro, levanta las rodillas y flexiónalas a la altura de la cadera. Con las manos agarradas, haz elevaciones haciendo fuerza con el abdomen, y deja el antebrazo por encima de las rodillas.

Haz el ejercicio veinte veces, descansa treinta segundos y repítelo tres veces más.

Consejo

Coge aire cuando bajes y suéltalo cuando subas.

Plancha

Túmbate boca abajo, apoya los antebrazos y la punta de los pies en el suelo, deja el cuerpo completamente recto y haz fuerza con el abdomen.

Mantén esta posición cuarenta segundos y repite el ejercicio tres veces más.

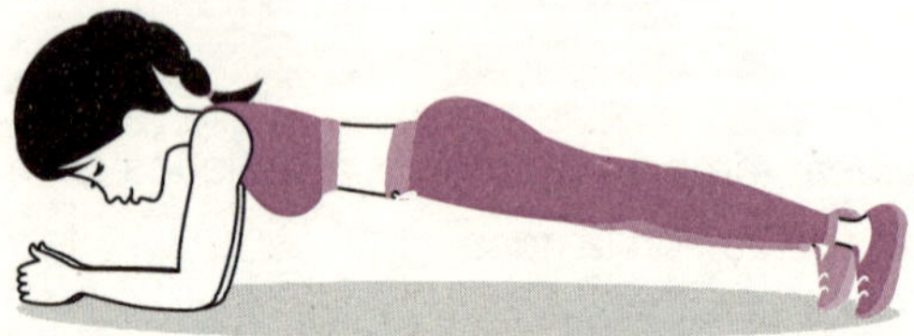

Consejo

Según vayas cogiendo forma, vete aumentando los segundos en esta posición.

Plancha con elevación

Túmbate boca abajo, apoya los antebrazos y la punta de los pies en el suelo. Cuando estés haciendo fuerza con el abdomen, eleva una pierna por encima de la otra y deja el cuerpo completamente recto.

Mantén esta posición veinte segundos, eleva la otra pierna y vuelve a aguantar otros veinte segundos. Descansa treinta segundos y repite el ejercicio tres veces más.

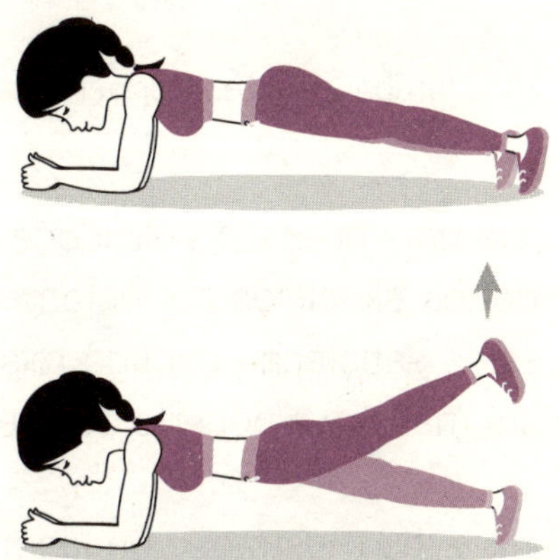

Consejo
Si tienes algún problema lumbar, es mejor que consultes a un médico antes de realizar el ejercicio.

Plancha lateral

Túmbate de costado y apoya un pie encima del otro. Apoya el antebrazo izquierdo en el suelo y estira el derecho hacia arriba. Haz fuerza con el abdomen y deja la espalda recta.

Mantén esta posición veinte segundos, cambia hacia el otro lado y haz otros veinte segundos. Descansa treinta segundos y repite el ejercicio tres veces más.

Consejo

No arquees la zona lumbar para realizar perfectamente el ejercicio.

¿Sensación de ardor? Si es así, ¡felicidades! Eso significa que has realizado los ejercicios correctamente. Lo fundamental es que estés satisfecha contigo misma porque es lo que te empujará mañana a ponerte de nuevo manos a la obra.

Las rutinas que te he mostrado son las mismas que yo realizaba en casa cuando quise ponerme en serio con el ejercicio. Me propuse bajar de peso, mejor dicho, eliminar la grasa, y me cargué de motivación para empezar mi cambio físico e iniciar una nueva vida.

Fue mi primera toma de contacto con el deporte y por supuesto con la comida sana. Cuando mi cuerpo se habituó al entrenamiento, mi mente y mi cuerpo empezaron a sentirse mejor y opté por apuntarme a un gimnasio y ampliar los días de ejercicio. Porque recuerda, lo que tú no hagas, nadie lo hará por ti.

CAPÍTULO 12

¿La clave? Disfrutar

En el capítulo anterior te hablaba de la importancia de la motivación para conseguir los objetivos. Todo lo demás son ingredientes que hacen una receta perfecta.

¿Recuerdas lo de visualizar, motivarte y actuar como si ya hubieses conseguido tu propósito? Estoy segura de que lo llevas imaginando mucho tiempo, pero no te habías lanzado al reto. Y tengo el convencimiento de que la motivación la tienes al nivel máximo, porque sabes que sin esto, nada es posible. Ahora, actuar como si lo hubieses conseguido es otro tema.

Te preguntarás cómo vas a comportarte como si tuvieses el pelo largo cuando en realidad lo tienes corto. Fácil: cómprate un postizo y no te agobies por no poder hacerte la coleta. Y si no, compra una peluca y póntela. Que no te suene a chino, no serías la primera ni la última que lo hace. Los cambios de *look* de muchas celebridades se basan precisamente en las pelucas.

¿Que cómo actuar teniendo tu propio negocio si no lo tienes? Cuando estés en el trabajo, haz tus tareas como si fueran para ti y no para tu jefe. Cuando estés en casa, empieza a realizar el proyecto de tu empresa ideal, haz todas las gestiones. Al fin y al cabo, es bueno para ti y el día de mañana cuando lo consigas ya lo tendrás hecho.

Estas dos preguntas son un claro ejemplo de las miles que se te pasarán por la cabeza. Tan solo has de buscar, como siempre, la parte positiva. ¿Sabes lo que vas a conseguir actuando como si ya tuvieses lo que quieres? Tener el estado de ánimo perfecto para lanzarte a por eso que tanto deseas. Busca la manera de hacerlo y sin darte cuenta estarás en el camino de tu éxito personal. Pruébalo.

Hay algunas situaciones, sin embargo, en las que es complicado actuar como si ya hubiésemos logrado el objetivo, y una de ellas es pesar ocho kilos de más. Obviamente no podemos ponernos ropa que no nos valga, pero sí hacer otro tipo de ejercicios que nos lleven a conseguirlo.

Te voy a contar mi propia experiencia sobre este caso concreto.

Durante tres años estuve sometida a varios tratamientos de reproducción asistida. Tenía que inyectarme hormonas y mi cuerpo reaccionó engordando. Tenía mucha retención de líquidos y estaba demasiado hinchada. A esto le sumaba que el deporte, como mucho, lo veía sentada en el sofá y que comía sin control y lo que me apetecía en cada momento.

Cuando puse punto final al tratamiento, mi angustia por no haberme quedado embarazada se sumaba a cómo me veía en el espejo. Las piernas y los brazos flácidos, la tripa inflada y mi culo y piernas llenas de celulitis. No me sentía cómoda conmigo misma y eso me pasó factura. Me daba igual que mi gente me dijera que estaba guapa, que mi marido me dijera que estaba perfecta, yo, aunque era consciente de que no estaba obesa, no era la de siempre, no me gustaba y eso me provocaba tal malestar que decidí poner remedio de una vez por todas.

Recuerdo que la última vez que me hice la transferencia de embriones, mi marido y yo decidimos que si no daba positivo el embarazo, recurriríamos a una gestación subrogada. Pasados unos días, el test dio negativo una vez más. Mi pareja puso cara de preocupación por mi reacción, pero se sorprendió con mi respuesta.

—Cariño, llegó el momento de sentirme bien, de sentirme de nuevo feliz —le dije—. Mañana me apunto al gimnasio, quiero tener un cuerpo como el que nunca he tenido, fibrado y trabajado.

Su rostro cambió la incertidumbre por la felicidad. Yo por fin tenía base para arrancar hacia mi objetivo. Esto no solo me ayudó a estar bien conmigo misma, sirvió también para olvidarme del calvario que había vivido durante años y coger fuerzas para afrontar aquello que me venía: tener a mi ansiado bebé mediante gestación subrogada.

¿Qué hice? Ese mismo día miré fotos de chicas que tenían un cuerpo muy trabajado de gimnasio, me veía yo así y me encantaba. No solo quería eliminar esos diez kilos que había cogido, iba a por algo que nunca había tenido y me apetecía experimentar, un cuerpo musculado.

Contraté a un entrenador para que me ayudara a la vez que me enseñaba. Me di cuenta de que por muchas horas que me tirara en el gimnasio no era suficiente. Tenía que cambiar la alimentación lo antes posible. Inicié esa nueva etapa y pasados solo seis meses conseguí lo que había visualizado tantas veces y que me había propuesto. ¿Qué tuve que eliminar? Aquellos alimentos con exceso de azúcar —bollería, gominolas, helados, las bebidas alcohólicas y las azucaradas...—, los fritos y, en general, los rebozados y los empanados. Del resto, menos de lo que crees. Te pongo un ejemplo de un menú semanal que hacía —y sigo haciendo—:

LUNES

Desayuno

* Un café con leche sin lactosa.
* Una rebanada de pan de avena a la plancha con una cucharada de aceite y dos lonchas de jamón serrano especiada con un poco de orégano.
* Un yogur 0% con tres fresas y una nuez.

Almuerzo

* Una naranja.

Comida

* Un filete de solomillo de ternera (tamaño mediano) con una cucharada de aceite y un poco de pimienta.
* Arroz basmati o integral con medio tomate kumato, perejil y orégano.
* Un poleo menta.

Primera merienda

* Una manzana verde.

Segunda merienda

* Dos tortitas de arroz.

Cena

* Un sándwich con dos rebanadas de pan de centeno, seis hojas de espinacas, una zanahoria, tres tomates cherry, tres láminas de pepino y cuatro de salmón ahumado. Especiar con albahaca y pimienta.
* Un kiwi.
* Antes de ir a dormir, una infusión relajante.

MARTES

Desayuno

* Un café con leche sin lactosa.
* Revuelto con un huevo.
* Una rebanada de pan de centeno con dos cucharadas de mermelada light.

Almuerzo

* Un kiwi.

Comida

* Una ensalada con canónigos, espinacas, salmón a la plancha (tamaño medio), una rodaja de piña, dos nueces, ocho pasas, tres bolitas de mozarela, seis almendras naturales, dos patatas cocidas pequeñas y media zanahoria. Aliñar con una cucharada y media de aceite de oliva y vinagre.
* Un poleo menta.

Primera merienda

* Dos tortitas de chocolate.

Segunda merienda

* Cinco fresas.

Cena

* Dos filetes grandes de pechuga de pollo cocidos con una cucharada de aceite de oliva y jugo de limón.
* Cuatro bolas de mozarela con tres tomates cherry, tres espárragos verdes y un cuarto de pimiento rojo asado.
* Un yogur 0% con un cuarto de granada.

MIÉRCOLES

Desayuno

* Un té verde.
* Dos biscotes de pan integral con una loncha de pavo y dos rodajas de tomate por biscote.
* Un yogur de soja con un cuarto de mango y dos fresas.

Almuerzo

* Una mandarina.

Comida

* Tomates gratinados rellenos de jamón, huevo, cebolla y champiñones (véase la receta, pág. 183)
* Un café descafeinado.

Primera merienda

* Quince almendras.

Segunda merienda

* Seis fresas.

Cena

* Una lubina a la plancha con poco aceite de oliva.
* Un tomate kumato, media zanahoria y dos lonchas de jamón serrano.
* Un yogur 0% con media mandarina.

JUEVES

Desayuno

* Un café con leche sin lactosa.
* Canelón de pavo (véase receta, pág. 184) con espinacas y huevo cocido.
* Una rebanada de pan integral con media cucharada de aceite de oliva, medio tomate y un poco de orégano.

Almuerzo

* Un yogur 0% con medio mango.

Comida

* Arroz basmati (60 gramos) con seis champiñones, ternera picada a la plancha (80 gramos), doce piñones, doce pistachos y diez avellanas.
* Queso 0% con medio kiwi.

Primera merienda

* Medio sándwich con dos lonchas de pavo y medio huevo cocido.

Segunda merienda

* Una manzana verde.

Cena

* Una ensalada de pollo con dos filetes grandes, canónigos y medio tomate kumato. Especiar con salsa barbacoa.
* Una infusión digestiva.

VIERNES

Desayuno

* Un café con leche sin lactosa.
* Un zumo de naranja natural.
* Un huevo a la plancha con dos lonchas de jamón serrano.
* Un biscote de pan integral con media cucharada de aceite de oliva.

Almuerzo

* Un sándwich de pan multicereal con una barrita de cangrejo.

Comida

* Unos 160 gramos de sepia a la plancha.
* Tres espárragos verdes a la plancha con canónigos y un cuarto de aguacate, aliñados con una cucharada de aceite de oliva con vinagre.
* Seis fresas.

Primera merienda

* Dos galletas digestivas con una cucharada de Nutella en cada galleta.

Segunda merienda

* Una mandarina.

Cena

* Dos medallones de merluza a la plancha con una cucharada de aceite de oliva y jugo de limón.
* Un huevo escalfado y calabacín a la plancha con una cucharada de aceite de oliva.
* Un yogur de soja.

SÁBADO

Desayuno

* Un café con leche sin lactosa.
* Dos biscotes integrales con media cucharada de aceite de oliva.
* Un yogur 0% con un kiwi y dos cucharadas de muesli.

Almuerzo

* Queso 0% con una mandarina.

Comida

* Cuatro salchichas de pollo a la plancha con una cucharada de aceite de oliva y un huevo a la plancha.
* Canónigos con pepino y dos nueces, aliñados con aceite de oliva y vinagre de manzana.
* Un café con leche sin lactosa.

Primera merienda

* Dos rodajas de piña con canela.

Segunda merienda

* Ocho almendras.

Cena

* Libre.

DOMINGO

Desayuno

* Un café con leche sin lactosa.
* Dos biscotes integrales con media cucharada de aceite de oliva y una lámina de tofu por cada tosta.
* Media naranja.

Almuerzo

* Una manzana verde.

Comida

* Salteado de ragú de pavo (150 gramos) con calabacín, berenjena, un cuarto de cebolla, medio pimiento verde, dos cucharadas de pimiento rojo asado y aceite de oliva.
* Ensalada de canónigos, pepino y dos nueces, aliñada con aceite de oliva y vinagre de manzana.

Primera merienda

* Dos gelatinas ligth.

Segunda merienda

* Tres lonchas de pavo.

Cena

* Dos rebanadas de pan de centeno con seis hojas de espinacas, dos láminas de tomate, medio huevo cocido y dos lonchas de jamón serrano.
* Canónigos con un cuarto de aguacate aliñado con aceite de oliva y vinagre.
* Una infusión digestiva.

¿Te ha sorprendido lo que has leído? Normal, a mí me pasó lo mismo. Pensaba que comer sano consistía en tomar pescado y pollo a la plancha, verduras y agua. Afortunadamente estaba muy equivocada, porque yo odio la palabra 'dieta', pues me recuerda a otra que tampoco me gusta nada: 'obligación'. Prefiero hablar de plan nutricional.

¿Quién dice que está prohibido comer chocolate? Obviamente, no puedes inflarte, pero el cuerpo es muy sabio y pide lo que necesita. ¿Y quién dice que no se pueden comer hidratos de carbono? Los mitos y errores sobre la nutrición llegan a ser tan peligrosos que mucha gente los elimina sin saber que son nuestra «gasolina» y su principal función es el aporte energético. ¿Y por qué no vas a poder comer fruta por la noche? Solo has de saber cuáles son las más calóricas y consumirlas menos.

Lo que sí es importante es que comas cinco o seis veces al día para no llegar por la noche y atiborrarte. Disfruta de la comida como yo lo hago con algunas de mis recetas que preparo en casa.

TOMATES GRATINADOS RELLENOS DE JAMÓN, HUEVO, CEBOLLA Y CHAMPIÑONES

Ingredientes

* 2 tomates
* 2 lonchas de jamón serrano
* 4 champiñones
* 1 huevo cocido
* ½ cebolla
* Queso para gratinar

Preparación

1. Lava los tomates, corta una tapa de la parte de arriba y una capa fina de la base para que se asienten bien, y vacíalos por dentro con un cuchillo.
2. Parte el jamón, los champiñones, el huevo y la cebolla en trocitos pequeños y mézclalos en un bol.
3. Introduce la mezcla de verduras en los tomates, añade queso rallado por encima y gratínalos en un horno previamente caliente a 160 ºC durante 20 minutos.

CANELÓN DE PAVO

Ingredientes

* 1 loncha de pavo grande
* 1 huevo cocido
* 4 hojas de espinacas
* 1 tomate cherry

Preparación

1. Extiende la loncha de pavo en un plato.
2. Corta el huevo y el tomate en trozos pequeños, y colócalos sobre la loncha (deja un par de dedos en los laterales sin rellenar).
3. Enrolla la loncha y mete en cada extremo un par de hojas de espinacas.

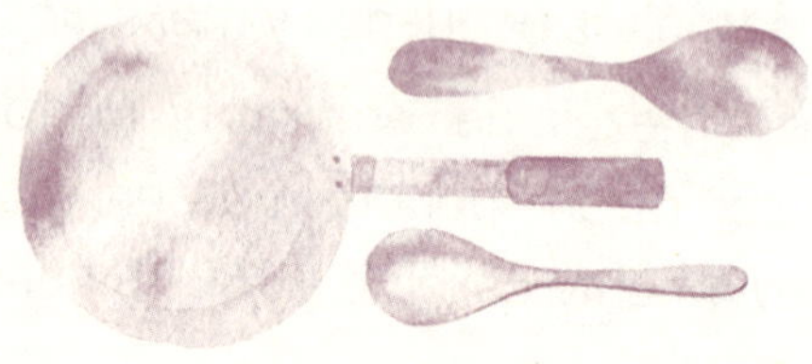

BERENJENA RELLENA 

Ingredientes

* 1 berenjena grande
* 1 tomate
* ½ calabacín
* ½ pepino
* ½ zanahoria
* 1 cucharadita de aceite de oliva

Preparación

1. Parte la berenjena por la mitad, vacíala por dentro y pasa la carne por la plancha.
2. Corta el resto de ingredientes en trozos pequeños, y sofríelos en una sartén con la cucharadita de aceite.
3. Rellena las dos mitades de berenjena con el sofrito.

RULO DE POLLO AL CURRY CON FRUTOS SECOS

Ingredientes

* 2 filetes de pollo grandes
* 2 lonchas de queso light para fundir
* 10 nueces
* 8 almendras
* 8 pasas
* Curry en polvo

Preparación

1. Extiende los filetes de pollo encima de un trozo de film transparente, aplástalos para que queden lo más finos posible y sazona con un poquito de curry en polvo.
2. Coloca encima de los filetes las lonchas de queso y los frutos secos. Enróllalos con el film y presiona bien.
3. Hornea los paquetitos a 160 °C durante 25 minutos.

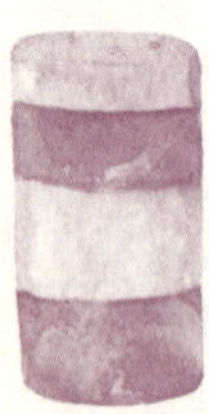

ENSALADA TROPICAL 

Ingredientes

* 4 fresas
* 2 tomates cherry
* 1 rodaja de piña
* 1 yogur 0% de fresa
* 1 zanahoria
* ½ manzana verde
* 8 nueces de Macadamia
* 8 almendras naturales
* 8 avellanas
* Canónigos

Preparación

1. Pela la zanahoria y pártela en trocitos junto con la manzana, las fresas y los tomates. Mezcla en un bol.
2. Añade un puñado de canónigos y los frutos secos también troceados.
3. Remueve y aliña con el yogur de fresa.

SANDWICH AL ESTILO ESPAÑOL

Ingredientes

* 2 filetes de pollo
* 8 hojas de espinacas
* 2 rebanadas de pan de centeno (multicereal, avena o integral)
* 1 huevo a la plancha
* 1 tomate
* 1 zanahoria
* Aceite de oliva

Preparación

1. Tuesta las rebanadas de pan en una sartén o una tostadora, y pasa por la plancha el pollo con un chorrito de aceite.
2. Coloca los filetes sobre una de las rebanadas, añade las espinacas limpias, unas rodajas de tomate y la zanahoria pelada y rallada.
3. Aparte, casca el huevo en una sartén con una cucharadita de aceite caliente y déjalo que se cuaje solo.
4. Corona el bocadillo con el huevo recién hecho y tapa con la otra rebanada.

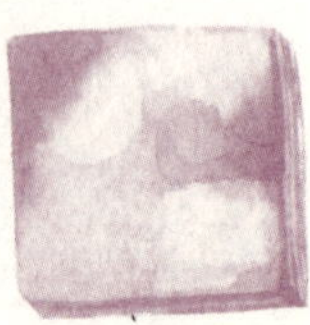

PIZZA PROTEICA

Ingredientes

* 5 filetes grandes de pollo
* 8 lonchas de jamón serrano
* 3 tomates
* 4 champiñones
* Mozzarella en lonchas
* Orégano

Preparación

1. Tritura los filetes de pollo hasta obtener una masa compacta.
2. Forra una bandeja con papel sulfurizado y extiende la masa. Da forma redondeada y hornea a 180 ºC durante 15 minutos.
3. Mientras, tritura los tomates y corta los champiñones en rodajas finas.
4. Saca la masa del horno, reparte por encima la salsa de tomate, coloca unas lonchas de mozzarella, el jamón y los champiñones. Espolvorea con orégano y hornea de nuevo a 180 ºC durante 20 minutos.

CREPE DE TORTILLA

Ingredientes

* 3 huevos
* Arroz integral
* Aceite de oliva

Preparación

1. Cuece un puñado de arroz en agua. Una vez cocido, cuélalo y resérvalo.
2. Bate dos huevos y una clara, y haz una tortilla francesa redonda.
3. Coloca encima el arroz cocido, da forma de crepe y cierra con palillos.

Como has visto, se puede comer variado sin complicarte mucho en la cocina. Eso sí, cada cuerpo es un mundo y lo que a uno le sienta fenomenal, a otro le sienta fatal. Así que no te olvides consultar a un médico para salir de dudas. Nadie mejor que un especialista en nutrición para decirte qué es lo más beneficioso para ti.

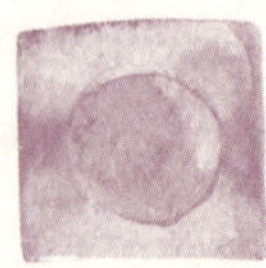

Un último capítulo

No es pena, es nostalgia y alegría a la vez por estar escribiendo las últimas líneas y de poner fin a uno de mis sueños». Estas serían las palabras con las que comenzaría un nuevo capítulo. Y tras él, seguro que añadiría uno nuevo. Pero me detengo y vuelvo atrás a leer lo escrito y concluir que lo que quería contar, está dicho: buscar el lado positivo de las cosas en cualquier decisión que tomes y ante cualquier circunstancia a la que te enfrentes.

Es lógico y normal querer cambiar de vida de la manera más rápida y cometiendo los mínimos errores, pero muchas veces esperamos a hacer esos cambios cuando el daño ya ha empezado o está hecho. No esperes y hazlo al revés. Motívate y realízalos antes de que la negatividad se apodere de ti.

Novedad, positividad, motivación y ganas son los pasos que debes seguir para comenzar cualquiera cambio. Por eso me aplico el cuento y este último capítulo lo cierro con buena energía, sabiendo que he logrado lo que un día visualicé y perseguí. No me apeno, porque una vez que ponga punto final terminaré ese episodio y empezaré otro que tengo ya en mente.

Te cuento las conclusiones a las que quería llegar cuando empecé este libro. Espero haberlo conseguido.

1. Tu espejo es distinto

La negatividad hace que cualquier circunstancia se acreciente, por eso, evita todo aquello que te haga mal —compañías, lugares o conversaciones—. Sea lo que sea, destiérrala de tu camino y motívate.

2. Hoy elijo yo

Rompe con la monotonía de tu día a día y sustituye la palabra aburrimiento por la de innovación. Avanza, sé creativa a la hora de concebir un plan y motívate.

3. Un grano de arena, un castillo

Da una solución a los problemas que te vayan surgiendo, y a la vez, ilusiónate con las cosas que no te terminan de gustar. Prueba a hacerlo y después juzga, nunca al revés. De esta manera lo negro se convierte en blanco y aparece la motivación.

4. La visita mensual

Sé consciente de los cambios que puedes sufrir ante un acontecimiento y anticípate a ellos. Pretender hacerlo cuando estás viviendo un mal momento no te va a ayudar a pasarlo. Transforma un problema en una solución y motívate para lograrlo.

5. Miedo al no

El no te hace perder muchas oportunidades, te trastoca otras y te malogra algunas más. Rechaza solo lo que no te

conviene y aleja los miedos si son los causantes de tu recelo. Motívate para aprender a decir sí.

6. Quiero, lo deseo, pero no puedo

Busca la manera de alcanzar aquello que crees no poder tener y motívate para ganar las batallas que te propongas.

7. No puedo, pero aún quiero

No te rindas y mantente siempre en pie a pesar de que pierdas los primeros combates. Motívate y lucha hasta conseguirlo.

8. Los brazos arriba

Los obstáculos que vayas encontrando en el camino no son más que pruebas que te pone la vida para saber si estás preparada o no para realizar aquello que quieres. Motívate para conseguir el objetivo a pesar de las zancadillas.

9. El reloj está en tu mano

Solo hay un momento en la vida en el que no tienes el control de tus decisiones, cuando has dejado de existir. Mientras tanto, cambia de dirección, equivócate y aprende de las lecciones. Motívate y no dejes de soñar despierta.

10. Mis mimos, los mejores

Todo lo que hagas, hazlo para sentirte bien y para mejorar tu estado de ánimo. Indaga en cosas nuevas que nunca hayas hecho, ignóralas si no te producen bienestar y encuentra otras que te motiven.

11. Nadie lo hará por ti

No te quejes de algo si antes no intentas cambiarlo y no busques excusas como la falta de tiempo. Quita minutos a otra actividad para lograr tener momentos placenteros. El ejercicio hará que consigas tener mejor aspecto físico. Motívate para rascar segundos a tus días.

12. ¿La clave? Disfrutar

No te va a servir de nada privarte de algo para conseguir otra cosa. La ansiedad puede con todo y es lo primero que has de conseguir apaciguar. La cocina es uno de los placeres de la vida si sabes alimentarte bien y si logras que con ella mejore tu bienestar y tu estado físico. No veas a la comida como a un enemigo y motívate preparando platos nuevos.

Creo que es hora de que cojas papel y boli y empieces a escribir tu propia vida, la que has vivido, la que vives o la que te gustaría vivir. No olvides que puedes cambiar todo lo que deseas mientras te lata el corazón. Tan solo tienes que tener una base, la motivación.

> **Consejo**
> Decídete, comienza a caminar, siéntate, descansa, coge aire, pero continúa y no pares hasta llegar a tu meta. Modifica, retrocede, concreta, concluye, elige y, lo que es más importante, aprende y saca una conclusión de todo lo que hagas en la vida, ya sea para bien o para mal.

Recuerda que los logros conseguidos hasta ahora han sido gracias a ti, y que los logros futuros también dependerán de ti.

Sabes que ser feliz no es gratis, pero tampoco cuesta tanto.

Agradecimientos. Principalmente a mi ángel, Antonio.

A la mujer que luchó por mi sueño de firmar estas letras, Mariana.

A mi guía en el camino de la escritura, Olga Adeva.

A quien creyó en mí y me empujó a escribir mi propio libro, Iker, a mi lado desde siempre.

A mi amiga, hermana, confidente e imprescindible en mi vida, María.

Al resto de amigos que nunca me abandonan, que me ayudan a crecer y me quieren, pese a mis grandes defectos.

En las malas están, en las buenas también, nunca me dejan, siempre me aconsejan y a veces me regañan, pero lo más importante: me aman y el sentimiento es recíproco, mi imprescindible familia virtual.

Aunque al principio del libro cada uno tenga de manera particular su dedicatoria, quiero volver a repetirlo: marido, hijos, madre, padre, yayos, tíos, sobrinas, perritos, gracias. Os amo.

Y a esta editorial que confió y me dio la oportunidad de sentirme orgullosa de mí misma.